**삶의 끝자락에서
인생을 알았다**

한강 다리 앞에서
두 번째 인생을 얻은
40대 가장의 이야기

삶의 끝자락에서
인생을 알았다

김준형 지음

 mindself

간절함의 크기가
성공의 크기입니다

인생의 가장 밑바닥까지 추락했었지만, 사랑하는 이들의 얼굴을 떠올리면서 간절한 마음으로 다시 일어났습니다. 가족에게 빚은 남기지 말자는 마음 하나로 버텼습니다. 하루도 빠짐없이 거울을 보며 회사는 놀이터이고 가족들에게 자랑스러운 남편, 아빠가 될 것이며, 가장 높은 곳에서 가족들을 행복하게 해 주리라고 확언했습니다. 그리고 현재는 그 확언을 현실로 만들면서 지내고 있습니다. 노력과 운이 만나면 성공을 이룬다고 합니다. 여러분은 미치도록 노력해 본 적이 있나요? 저는 제 자신한테 최선을 다했습니다. 주변에서는 이 정도면 남부럽지 않게 성공한 것 아니냐며 편하게 즐기라고 말하지만, 저는 여전히 목표가 있고, 수많은 일에 도전해보고 싶은 열정이 있습니다. 이

책을 통해 영업이 필요한 모든 이에게 영업의 바이블처럼 실제로 도움이 되는 노하우를 전하고 싶습니다. 저는 다양한 규모의 클래스를 운영하고 있지만, 착각한 것이 있습니다. 대부분의 사람들이 영업을 어느 정도는 알고 있다고 전제하고 있었다는 사실이었습니다. 실상은 더 기본단계부터 순차적으로 케어와 조언이 필요한 이들이 있는데도 말이지요. 그래서 그런 분들을 위해서 쉽게 설명해 주는 영업의 정석 같은 책은 없을까, 실제로 바로 적용할 수 있도록 돕는 징검다리가 되어줄 영업 노하우 바이블을 오래 고민하다가 한 권의 책에 담기로 결심했습니다.

저는 기아나 렉서스, 벤츠에서도 영업으로 성공했지만 그때의 성공에는 지금 만큼의 절실함이 없었습니다. 그때의 성공은 언제든지 무너질 수 있었습니다. 하지만 지금의 성공은 단단해서 무너지지 않습니다. 심지어 무너진다 하더라도 두렵지 않습니다. 저는 영업으로 재기하여 2년 동안 최고의 실적을 올렸습니다. 여기서 한 차례 도전을 하고 싶어서 저는 또 한 번 이 안정된 직장을 놓고 나왔습니다. 지프를 그만둔 이후 다른 사람에게 전문적으로 동기부여와 하는 강연을 하고, 하고 싶었던 다양한 일에 뛰어들었는데 이 모든 도전은 망해도 다시 일어날 수 있는 법을 알기 때문에 가능했습니다. 절실함으로 이겨내고 성공한 경험과 노하우를 여러분과 꼭 나누고 성공의 길목에 선 당신에게 조금이나마 실용적인 도움이 되고 싶습니다. 저는 여전히 제 이야기가 누군가에게 닿아 동기부여가 되고, 영감이 되었다는 피드백을 들으면 항상 감사하고 기쁩니다. 수년간 많은 사람에게 문의와 요청을 받았던 카준형의 오랜 영업 비밀을 아낌없이 이 한 권에 담았습니다. 이 책을 참고하여 성공하고 싶은 마음의 크기만큼 인사이트를 얻어가시기 바랍니다. 카준형의 모든 것을 드리는 책. 잊지 마세요. 당신의 성공에 진심인 남자 카준형입니다!

——— ◆ ———

무슨 일을 하든 다음 단계로 도약하려면 지금까지와는
완전히 다른 방식으로 생각하고 행동해야 한다.

(그랜드 카돈, 세일즈맨)

CONTENTS

1장

카준형이 걸어온
나날들

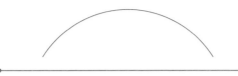

잘 나가던 영업사원
김준형

2001년만 해도 나는 순수한 열정을 가진 기아자동차 영업사원이었다. 예대에서 극작과를 전공했고, 무대에 서는 순간이 가슴 떨리게 행복할 정도로 연극을 좋아했지만, 일찍이 스타성을 가지지는 못했다. 그때 나는 예술만큼이나 성공에도 관심이 많았기에 진로에 앞서 많은 고민이 됐다. 솔직하게 말해서 예술은 배고프다는 교수님의 말씀에 어린 패기로 가득했던 나는, 그렇다면 돈을 많이 벌 수 있는 직업을 딱 두 가지 제안해 달라고 말했다. 교수님은 열정에 차서 묻는 나를 보더니 자동차영업과 보험영업을 추천했다. 그날을 계기로 나는 돈을 많이 벌고 싶었다. 자본력과 상관없이 하고 싶은 일을 하면서 사는 삶을 꿈꿨다. 그 이후 나는 진로의 방향을 틀어 기아자동차에 입사하면서 본격적으로 영업에 뛰어들었다.

처음 도전하는 일이라서 두려웠지만, 마음 한구석에는 할 수 있다는 자신감이 있었다. 과거에 나는 중학교 때까지 집안 사정으로 인해 조부모님과 함께 살았다. 그때의 나는 우연한 사건으로 드라마처럼 성적을 끌어올려 본 경험—6장에서 자세히 다루기로 한다.—이 있다. 그때 생에 처음으로 나 자신과 싸워 이겨냈다. 그 경험은 살면서 어려운 선택 길에 갈릴 때마다 많은 도움이 되었다. 진로를 바꿔 자동차 영업계로 들어설 때도 마찬가지였다. 이왕 영업을 시작하기로 했으니 '영업왕'이 되어보겠다고 결심하며 바로 다이어리를 샀다. 그리고 다이어리 첫 장에 아래의 세 가지 다짐을 적었다.

첫 번째 다짐은 '여자는 인생의 적이다.'였다. 한창 연애에 호기심이 많을 대학 시절이지만 내가 그토록 사랑하고 원했던 연극을 뒤로하고 선택한 직업이니, 어떤 유혹에도 흔들리지 않겠다는 생각이었다.

두 번째 다짐은 '난 꼭 BMW를 탄다'였다. 지금 시점에서 되돌아보면 참 20대 초반다운 생각이었다고 느끼지만, 그때는 정말 진지했다. 당시 연예인들이 BMW를 많이 타고 다녀서였는지, 내 안에서는 성공의 이미지를 BMW로 여기고 열망했었다.

마지막 다짐은, 바로 '내가 헛되이 보낸 오늘 하루는 어제 죽어간 이들이 그토록 바라던 하루다. (소포클레스, 그리스의 작가) 그러니 허투루 살지 말자'였다. 나는 다른 글귀보다도 이 명언을 보면 동기부여가 됐다. 내 시간을 허투루 보내는 게 비단 나만의 시간만 허투루 보내는 게 아니라, 어쩐지 죽은 이들에게 빚지는 것 같아서였다.

당시 20대 초반이었음에도 스스로 다짐한 이 세 가지 원칙은 지키려고 정말 열심히 배웠다. 영업은 사람끼리 하는 일이라서 평판도 자기 관리의 중요한 영역이었다. 나는 특히 행실에 구설수가 없도록 노력했다.

당시 나에겐 롤모델도 있었다. 대우자판 영업사원 출신인데 이사까지 되어 유명해진 박노진 이사님이다. 그때는 유튜브나 기타 플랫폼이 없던 시절이라 TV에서 가끔 보이는 그를 보면서 영업 능력과 겸손한 자질이 대단하다고 느꼈다. 그분을 떠올리면서 나 또한 고객에게 편안한 인상을 주기 위해 '안녕하세요' 하고 거울을 보며 연습을 했다. 영업띠를 두르고 시장과 은행, 골목을 누비며 홍보를 했다. 남들보다 더 일찍 움직이고, 빨리 뛰어야 조금이라도 나를 알릴 수 있던 시절이었다. 부지런하고 성실히 제 자리에서 나를 알리는 일이 결코 쉽지는 않았다. 내가 그 일을 해낼 수 있었던 것은 나의 세 가지 다짐과 쉽게 포기하지 않는 끈기 덕분이었다.

이후 나는 과거에 졸업한 중학교와 고등학교를 찾아가서 내가 하는 일이 자동차 영업임을 알렸다. 물론 모교에 가서 '제자이니 무조건 차를 사달라'는 식이 아니라, 자동차 관련 업계에서 일하니 '자동차 정비를 제가 해드려도 되겠느냐.'는 식으로 친근히 다가갔다. 처유에 부담스러워하고 혹시 다른 목적이 있는 건 아니냐는 의심도 받았지만, 나는 개의치 않았다. 지금 당장이 아니라도 괜찮다는 생각이었다. 그러다가 정말 우연히라도 차 소개로 연결되면 좋고, 그렇지 않더라도 내가 나온 학교 스승님들께 은혜를 전한다는 생각으로 차를 한 대씩 꼼꼼하게 정비해서 가져다 드렸다. 별일 아닌 것 같지만, 나는 그렇게라도 주변 사람들에게 내가 자동차 업계 쪽에서 일한다는 사실을 각인시키고 싶었다.

내가 부담되지 않는 거리에서 꾸준하게 다가가니, 나를 알아보는 사람들이 생겨났고, '이왕 새 차 뽑을 거면 김준형에게 뽑아 주자.' 하는 사람들이 늘어갔다. 노력하는 만큼 결실이 돌아오자 가속이 붙었다. 영업이란 땀 흘린 만큼 돌아오는 매력이 있다는 걸 몸소 깨달았다. 시간이 쌓이니 혼자서 운전하며, 고객 응대까지 같이하기에는 벅찰 만큼 계약 건수가 늘어서 개인 운전 비서를 둬야 할 지경이 됐다. 열정이 넘쳤다. 수입차 쪽에 있는 주변 지인들한테 '지금 돈을 제일 잘 버는 곳이 어딘가요?' 하고 물어서 렉서스 강남 전시장으로 이직을 했다. 국산차와 수입차 회사는 분위기 자체가 다르고. 직원들이 생각하는 것이나 교육이 달라서 새롭게 배워가는 재미가 있었다. 기본기가 철저하게 매뉴얼로 나누어져 있었다. 이후 SK 그룹이 운영하는 직·수입 회사와 도요타, 벤츠 등에서 근무했다. 특히 SK 계열 직·수입 회사에는 차 좀 판다고 하는 사람들이 다 모여 있었다. 그들에게 새로운 영업방식을 배웠다. 아침마다 분위기 전환을 위해서 하는 체조도 재밌었다. 그때가 가장 다양한 자동차 업계 종사자들을 알게 되었다. 이후 LS타워에 도요타 용산으로 이직해서도 압도적 1등을 했다. 48 ~ 50대 정도를 사전 계약으로 진행했었다. 그때도 기사가 있었는데 건물 1층에 차를 세우면 임원인 줄 알고 경비 아저씨가 뛰어오는 일이 많았다. 그러다 도요타 차량 공급이 어려워져 벤츠 한성자동차로 넘어가고, 벤츠를 다니면서 결혼식을 올렸다.

아내는 일에만 몰두하던 내게 신혼을 즐기며 사람답게 살자고, 돈 그만 벌고 가족끼리 함께 여행 다니고 싶다고 말했다. 연애 시절에도 일을 핑계로 아내를 많이 외롭게 했었다. 나는 갈등하다가 렌터카 업체를 오픈했다. 그즈음 업무로 만나 나중에는 의형제처럼 지내던 지인이자 렌털 경쟁 업체를 운영하는 형을 만났다. 그는 내게 물었다.

🧑 "준형 씨, 지금 꿈이 뭐야?"
🧑 "좋은 아빠, 좋은 남편이 되는 거예요."
🧑 "그럼 이렇게 해보는 건 어때요?"

그가 내 꿈을 지지한다며 동업을 제안했다. 그는 이미 렌터카 쪽 사업을 순탄히 하고 있었고 그 분야의 생체구조를 잘 알고 있었기 때문에 내게 큰 위험부담은 없어 보였다. 이제 사랑하는 가족들과의 시간이 절대적으로 필요했던 나는, 그와 동업을 결심했다. 그 분야에 빠삭했던 동업자 덕분에 큰 시행착오 없이 순조롭게 회사를 합쳤다. 문제는 여기까지가 너무 순조로웠다는 것이다. 그때의 나는 당시의 선택이 일생일대의 가장 큰 시행착오일 줄 모른 채로 가족들과 함께할 희망적인 미래에 마음이 부풀어 있었다.

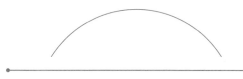

영원할 줄 알았던
성공

영업에서 어느 정도에 궤도에 올랐으니, 내가 새롭게 시작한 렌터카 사업도 성실하게만 하면 잘될 거라고 막연히 낙관했다. 더구나 렌터카 사업은 동업자가 원래 하고 있던 사업이기도 했고, 나 또한 자동차 업계에서 10년 정도 영업을 했었기에 주변의 수많은 지인, 선후배 등등 대다수가 자동차에 관계된 사람들이라 수월할 거라고 예상했다. 한데 당시엔 전국적으로 렌터카 회사가 우후죽순 생겨나며 동종업계 경쟁이 심했다. 게다가 기존에 선점하고 있는 업체가 많으니 뚫고 들어가는 일이 호락호락하진 않았다. 그래서 사업 초창기인 3~4개월은 생각만큼 매출이 따라주지 않아서 초조했다. 그러나 시장 분위기를 읽고, 고객별 맞춤으로 영업 정신을 발휘하고, 고객 소개가 또 다른 소개로 이어지니 6개월이 지난 즈음부터는 다시 사업이 잘 풀리면서 큰 고비 없이 흘러갔다. 나중에는 봉천동에 오피스

텔을 얻어놓고 보험회사 현장출동 요원들과 먹고 자고 합숙할 정도로 잘 됐다. 나는 초창기의 우려가 그 사업의 가장 큰 고비였다고 생각하고 불안한 마음을 내려두었다.

렌터카 사업은 앞서 말한 바와 같이 의형제를 하고 지낼만큼 가까웠던 형과 공동 대표로 경영했다. 사업도 안정되며 꾸준히 일정한 수익이 났다. 나는 그땐 어느 정도 성공 궤도에 올랐다고 생각을 했고, 가족과의 시간을 내려고 내 사업을 시작했지만 내가 그토록 바랐던 가족과의 시간은 여전히 턱없이 부족하게 느껴졌다.

어느 날 아내가 나에게 우스갯소리로 "당신, 나야? 차야?" 하고 말했지만, 그 말에 나는 실제로 웃을 수가 없었다. 왜냐하면, 사랑하는 아내와의 추억을 만들지도 못했고, 뒤돌아서면 한 뼘씩 자라 있는 아들들의 성장 과정도 일이 바쁘다는 이유로 놓쳤던 게 사실이었다. 쑥쑥 자라는 아이들의 성장을 실시간으로 눈과 마음에 담고 싶었다. 그래서 그 당시엔 가족과의 시간 확보가 내게 가장 시급한 직면 과제였다. 나는 절실하게 아들에게 좋은 아빠, 아내에게 좋은 남편이 되고 싶었다. 남부럽지 않게 살게 해주고 싶었다. 그런데 어느 순간 일에 매몰되어 영업을 필사적으로 했던 이유가 가장으로서 가족들을 행복하게 만들기 위해서였다는 사실을 한참 동안 잊고 살았다. 그것이 마음 한구석에 죄책감으로 남아 있었다. 나는 결심했다. 한 달은 가족과 함께하고, 한 달은 또 열심히 사업을 운영하겠노라고. 그리하여 진지하게 동업자에게 가족들과의 시간을 가지고 싶다고 말했다. 동업자는 사람 좋은 얼굴로 당연히 그래야 한다면서 회사는 격월로 관리하면 되니까 걱정 말고, 한 달씩 시간을 내서 가족들과의 추억을 쌓으라고 말했다. 그때까지만 해도 나는 그가 내 처지를 누구보다 잘 이해해 준다고만 생각했다.

이후 시간이 날 때마다 가족들과 함께할 여행지와 숙소를 알아보고, 여행 다닐 때 탈 차종을 고민했다. 나도 모르는 사이에 중요한 걸 놓치고 있다는 걸 알지 못했다. 그때의 나는 늦게라도 생각했어야 했다. 아무리 튼튼해 보이는 돌다리라도 두들겨 봤어야 했다는 것을. 내가 방심하는 순간 일은 이미 진행되고 있다는 것을.

지금까지 많이 투자하고 고생했으니, 다른 사람들이 부러워할 그런 행복한 가정을 꾸리며 사는 삶을 누려도 된다고 생각했다. 지금처럼만 하면 아무 문제 없이 소득은 발생하고, 우리 가족의 미래는 계속 탄탄대로일 것만 같았다.

만약 그해 가을, 아무 일도 없었다면 평범한 계절 중 한 계절이 될 수 있었을까? 나는 동업자의 배려라고 믿고, 제주도 한 달 살기를 하고 왔다. 지금 와서 생각해 보면 아예 이상한 게 없었던 것은 아니었던 게, 그 일이 있기 한두 달 전부터 직원들의 행동이 수상쩍긴 했다. 전세 만기도 되지 않은 직원이 갑작스레 평수를 늘려 이사하거나, 월급 조건이 그대로임에도 보세 가방을 걸치던 사람이 언젠가

부터 명품 가방으로 바꾸는 등 평소보다 과하게 소비를 하는 듯 느껴졌다. 그리고 나와 친했던 직원들은 내가 없는 동안 돌연 퇴사를 하거나, 회사에 남아 있어도 나를 피하는 느낌이 들기도 했다. 하지만 그런 것은 개인적인 것이라고 무심코 넘겼다. 그때는 그런 사소한 단서들을 어떤 것과도 결부시켜 볼 생각을 하지 못했다. 안정되었다고 생각한 안일함과 친분에 대한 의심 없는 믿음의 합작이 회사 내부에서 의도치 않은 결말로 서서히 덩치를 키우고 있었다. 그래서 결국 사달이 났다.

믿었던 동업자가 서류와 차량을 담보로 전 은행권에서 받은 대출금을 전부 빼돌린 후 만세를 부르고 감옥에 갔다. 당시 함께 일했던 직원들 역시 모두 자취를 감췄다. 사기꾼은 나에게 동업을 제안하던 현란한 말솜씨로 직원 모두를 자신의 편으로 포섭한 후에 일을 진행한 모양이었다. 그 모든 게 순식간에 일어났다. 뒤늦게 상황을 알아차리고 뭐라도 지키고자 여기저기 알아봤을 때는, 이미 금융권에 서류를 맡기고 대출을 전부 실행한 뒤라서 담보가 전부 넘어간 뒤였다. 차를 압류당했으니 렌터카 사업을 당연히 유지할 수 없었다. 사기꾼은 사건의 경중에 상관없이 솜방망이 처분을 받고 감옥에 들어갔고, 여러 은행 대출 건 및 회사 내부 외상대금 등 회사를 정리하고 빚을 떠안는 것은 공동대표인 내 몫이었다.

하루아침에 가지고 있던 모든 것을 잃었다. 내가 가장 큰 피해자인데, 나도 구제받아야 하는데 나에게는 아무런 안전망이 없었다. 법은 느슨하고 절차는 복잡했다. 상황에 쫓기자 내가 사랑하는 이들의 웃음이 점차 줄어들었다. 그 당시의 나를 더 절망하고 허탈하게 한 것은 바로 주변 사람들이었다. 가족도 예외는 아니었다. 무소식이 희소식이라며 부모님도 당분간은 연락하지 않고 지냈으면 좋겠다고 말했다. 엄마의 그 말은 절망적이었다. 사람이 망해서 힘들게 되면 가족조차도 떠날 수 있다는 걸 처음 알았다.

내가 재기한 지금은 다시 연락하고 지내지만, 아직도 그때의 기억은 뼈에 사무쳐 여전히 남아있다. 대한민국이란 곳은 경제성장 속도만큼 정보력도 빨랐다. 내가 사기를 당했다는 소문이 멀리까지 퍼졌는지 그동안 친하게 지냈던 사람들조차 돈 빌려달라고 할까 봐 연락이 닿지 않거나 만남을 피했다. 그때 만약 엄마라도 등을 두들기며 매몰차게 하지 않았다면 내가 어떤 삶을 살았을까. 힘든 순간에 같이 편들어주고 싸워주겠다는 사람이 많고, 든든히 곁에 있어 줬다면 정신적으로라도 의지하면서 더 빨리 극복할 수 있었을까. 세상은 차가웠고 나는 공허했다. 돈이 없을 때 사람이 얼마나 비참해지고, 주변으로부터 외면받고 버림받는지 다 느껴봤다. 내가 서 있는 곳은 외딴섬 같았고, 그 순간의 나는 외톨이였다. 모든 게 신기루 같았다. 절망은 희망의 탈을 쓰고 찾아와 어둠처럼 내 삶을 불시에 집어삼켰다.

가난에도
냄새가 있다

그 모든 걸 감당하고 나니 안산의 5평짜리 집으로 겨우 이사할 수 있었다. 아파트에서 쓰던 살림을 거의 버린 채, 최소 생활을 유지할 정도의 짐만 들고 원룸으로 들어왔다. 이렇게 고생시키려고 아내와 결혼한 것도 아닌데, 나의 잘못된 선택이 우리 가족을 이렇게 힘들게 살게 만드는구나, 하는 자괴감이 들었다. 처음 살아 본 5평짜리 반지하 집은 늘 쾌쾌하고 습한 기운이 가득 찼다. 제대로 된 살림도 없었지만, 있는 살림마저도 금방 부식되고 망가졌다. 나야 차라리 출근하면 한 평짜리지만 발렛 대기실에 에어컨과 온풍기는 있었다. 집에 가면 아이들은 거의 맨날 울고, 춥고, 더워했다. 내 아이들이 감당할만한 가난의 크기가 아닌데 힘겨워하는 모습을 볼 때마다 정말 괴로웠다. 계절감을 고스란히 느끼게 하는 정직한 온도에 겨울이면 바닥은 뜨겁고, 코는 시렸다. 웃풍 때문에 페트병에 따뜻한 물을 넣어서 온기가 식을 때까지 안고 잤다. 그냥 페트병에 뜨거운 물을 담으면 녹아서 파워에이드나 게토레이 같은 변형이 안 되는 단단한 페트병이 필요했다. 파워에이드와 게토레이 병을 찾기 위해서 집 인근 아파트 분리수거장을 다니면서 플라스틱을 뒤졌다. 빈손으로 들어오는 날도 있었고, 우연히 공병을 한 병이라도 찾으면 행복해하며 집으로 돌아왔다. 거기에 뜨거운 물을 담아 수건으로 돌돌 말면 네 시간에서 다섯 시간은 따뜻하게 잘 수 있었다. 우리 네 식구는 그렇게 조그만 화장실 하나 딸린 원룸에서 서로의 체온을 느끼며 잠을 청했다.

이 작은 월세방에는 우리 가족 말고도 객식구가 있었는데 우리는 많은 순간 그것들과 싸워야 했다. 예상했겠지만 바로 바퀴벌레다. 만화에서 본 바퀴벌레는 작았는데, 내가 실제로 본 바퀴벌레는 어른 새끼손가락 두 마디만 해서 처음에는 그것이 매미인 줄 알았다. 워낙 생명력도 강해서 종이나 휴지로는 죽지도 않았다. 고무 슬리퍼로 잡아야 겨우 죽었다. 어른인 내가 봐도 무서운데 애들은 날아다니는 바퀴벌레를 보고 얼마나 무서웠을까. 그때 애들은 바퀴벌레가 보이면 울고, 바퀴벌레는 또 귀신같이 아이들의 여린 피부만 물었다. 아이들의 얇은 팔뚝은 전에 물린 자국이 다 낫기도 전에 다시 부풀어오르길 반복했다.

간지럽다고 긁으면서 괴로움을 호소하는 아이들을 보는 가슴이 아프고 미어졌지만, 당장 해결해 줄 수 없는 현실이 더 참담했다. 당시엔 아내도 여러 가지로 힘든 일이 많아서 집안 분위기가 연일 좋지 않았다. 게다가 학급 친구 부모들한테 연락도 왔다. 옷차림도 허름하고 행동하는 것도 자신의 아이들이 배울까 봐 걱정된다고 했다. 그들은 전화 말미에, 자신의 아이들과 우리 아이들을 어울리게 하지 말아 달라고 부탁을 해왔다. 아내는 그날 홀로 맥주를 마시면서 울었다. 혼자서 울 공간도 없어서 싱크대 쪽으로 등을 돌리고 울었다. 그 모습을 보는 게 참 속상했다. 아내의 떨리는 어깨가 유난히 작고 가냘프게 보였다. 부족함 없이 살다가 추락하니 낙폭이 컸다. 가난에도 냄새가 있다는 걸 뼈저리게 느끼는 순간이었다.

시간은 계속해서 야속하게 흘렀다. 가난에서 벗어나는 건 고사하고 당장 우리 가족은 살아가야 했다. 내가 가장 먼저 할 수 있는 것은 나에게 더 엄격해지는 것이었다. 나와 관련된 것은 아무것도 사지 않았다. 거의 매일 같은 옷을 입고 발렛과 대리운전을 했고, 교통비 빼고는 쓰지 않으려고 노력했다. 아무리 노력해도 더 벌 수는 없었고, 아침에 일어나는 게 무서웠다. 발레파킹할 때 신는 구두도 발바닥처럼 다 갈라지고 찢어졌으며, 대리운전할 때 신던 운동화는 끈마저 끊어졌다. 어느 겨울에는 지나가다가 붕어빵 냄새에 붕어빵이 너무 먹고 싶어서 멈춰 섰다. 가만히 서서 붕어빵 매대를 바라보며 주머니 속에서 손으로 돈을 열 바퀴씩 돌리면서 생각했다. 내가 저걸 먹으면 아이들이 한 끼를 굶어야 할 수도 있다고. 내가 먹는 게 아까웠다. 예전에 같이 술 마시던 사람들 택시비며 대리비를 우습게 지원해 주던 시절이 떠오르자 지금의 내가 천 원짜리 먹고 싶은 거 하나 못 먹고 참아야 하는 삶을 살고 있다는 사실이 미치게 고통스러웠다. 정수기가 보이면 생수통으로 물을 받아 다니면서 마시고, 밤에는 잠을 깨기 위해서 당시 300~400원이던 레쓰비 캔커피를 사 먹었다. 아이들 책도 아파트 단지를 돌며 끈으로 묶어서 내놓은 게 없는지 보물찾기를 하는 심정으로 찾아다녔고, 우연히라도 괜찮은 책 묶음을 찾으면 버려 주신 분의 앞날을 축복하며 주워왔다. 내 소식을 모르는 옛 친구에게는 내가 외국으로 옷 수거해서 수출 보내는 사업을 하니까 물려줄 옷이나, 버릴 옷이 있으면 주변에 말해서 기부를 하라고 권했다. 그리고 그렇게 받은 헌 옷을 잘 세탁해서 성별과 상관없이 입혔다. 당시 우리에게는 하루가 다르게 자라나는 아이들의 옷값을 감당하기도 버거웠기 때문이었다.

가난은 다양한 형태로 나와 아내, 그리고 아이들에게 큰 상처를 남겼다. 그땐 정말 집에서 지내는 시간조차 지옥 같았다. 가을에 이사해서 추운 겨울을 견디면서 과거의 영광이 눈처럼 녹는 기분이었다. 의욕이 넘쳐 개인 비서까지 두고, 영업을 다녔던 시절이 다 꿈처럼 아득하게만 느껴졌다. 나름 신앙심도 있었고 열심히 살았는데 어째서 이런 고난을 주냐면서 하늘을 원망하기도 했다. 아무리 희망을 품어보려고 해도 우리 네 식구의 앞날이 막막하다는 생각이 들었다.

전날 번 돈은 다음날이면 입금되었지만, 뭔가를 누린 기억도 없는데 밤이면 감쪽같이 사라졌다. 하루 벌어서 하루 먹고사는 인생이 된 것이다. 콜 개수가 마치 연장할 수 있는 생명의 개수처럼 느껴져서 쉬지 않고 콜을 받았다. 주말이면 아이들은 아빠랑 놀고 싶다고 보챘고, 냉장고에 당장 먹을 것도 없어서 일하러 나가야 하는 우리 집 현실에, 나와 아내는 주말이면 아이들의 생떼를 진정시키느라 마음이 아팠다. 그럴수록 상황에 대한 이해가 없는 아이들은 바짓가랑이를 붙잡고 늘어지고, 나는 점점 걸음이 무거웠다. 아이들과도 시간을 보내고 싶었고, 가정을 잘 지키고도 싶었다. 어린이날 근처엔 우연히라도 완구 행사 매대를 아이들과 보게 될까 봐 무서웠다. 첫째는 사달라는 말을 잘 안 했지만 둘째는 종종 사달라고 했는데, 그럴 것 같을 땐 미리 아이에게 슈퍼맨 놀이를 하자고 말하며, 아이를 어깨에 이고 전속력으로 달렸다. 아이가 고기를 먹고 싶다고 하면 두부를 사주고 콩고기라고, 고기보다 더 비싼 고기라고 우기면서 먹였다. 내가 먹고 싶은 건 참을 수 있는데, 아이들이 먹고 싶고, 갖고 싶다는 걸 참아야 하는 마음은 거의 절망에 가까웠다.

대리기사를 하다 보면 옆 차에 가족들끼리 화목하게 어딘가로 향하는 모습이 많이 보인다. 나에게도 평범했던 일상이었는데 어쩐지 그들이 특별하고 행복해 보였다. 퇴근하면 아이들은 이미 잠들어 있었다. 깨지 않게 조심히 옆에 누워, 잠든 아이들을 보면서 하루씩 버텼다. 아침이 되면 매일 발렛을 나가고, 대리를 뛰었다. 남들보다 많이 일하기 위해서는 잠이라도 줄여야만 살 수 있었다. 당시의 고난을 사진으로 남겨 두면서 다짐했다. 언젠가 성공한다면 이때를 잊지 않고, 사진을 다시 찾아보면서 초심을 잊지 않을 거라고. 하지만, 당장은 희망의 빛줄기조차 보이지 않았고, 생활비에 대출이자를 갚으면 수중에 남는 것이 없었다. 가난은 우리 가족의 가장 아름다웠던 시기에 찾아와서 가슴에 지워지지 않을 상흔을 남겼다.

삶의 끝자락에서 인생을 알았다

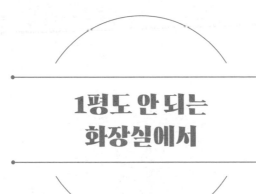

1평도 안 되는
화장실에서

대리운전과 발렛 만으로 돈을 벌다 보니 다른 고정적인 일을 구할
수가 없었다. 발렛 10시간 하면 시간당 만 원에 3.3% 떼고 시간당
9,670원씩 익일 아침 10시쯤에 9만 6,700원이 입금되었고, 대리는
신논현이나 당산역 등 핫스폿 위주로 평균 5시간씩 일했다. 그렇게
하루에 15시간 가까이 일해도 성장이 빠른 남자아이 두 명을 둔 4인
가족이 먹고살기는 여전히 빠듯했다. 비슷하지만 다른 두 가지 일
을 동시에 하니 졸음은 참을 수 없는 방해물이었다. 잠을 매일 거의
3~4시간씩 쪽잠으로 잤다. 입술이 부르트고, 정신이 몽롱할 때가 많
았다. 피곤함으로 인해 입가에 물집이 잡혀 아시클로버 연고를 항상
바르고 다녀야 했다. 특히나 대리운전할 때는 운전 중이기도 하고,
밀폐된 차 안은 산소가 부족해서 피로감이 더했다. 필사적으로 졸음
을 이겨내기 위해서 볼펜으로 허벅지를 찌르며 잠을 참았다. 처음에

한두 번은 아프더니 시간이 갈수록 시원하게 느껴졌다. 어쩔 수 없이 다른 부위를 찾아야 해서 볼펜으로 가슴을 찌르기 시작했다. 가슴 쪽은 피부조직이 연해서 찌르는 순간 통증이 바로 느껴졌다. 가슴에 흉이 지건 말건 중요한 것이 아니었다. 오늘치 일을 해내는 것만이 매일 내게 주어진 유일한 목표였기 때문에 독하게 마음먹고 가슴을 볼펜 촉으로 찌르면서 잠을 쫓았다.

하지만 아무리 내가 독종처럼 악착같이 일한다고 해도 나도 사람이었다. 3년 가까이 발렛과 대리운전 일을 하다 보니 상처를 받거나 자존감이 무너지는 일이 빈번했다. 나의 과거와는 별개로 현실에서 대리운전기사나 주차요원으로 나를 처음 본 사람들의 하대나 과거에 나를 알던 사람들의 동정 가득한 시선은 참기 힘들었다.

한 번은 대리운전을 하다가 잠시 공황이 온 적이 있었다. 잠깐 1분 정도를 호흡에 집중하다가 길을 놓쳐서 다른 경로로 돌아가게 되었는데, 그때 탑승했던 여성 승객분이

🧑 "하, 아저씨, 겨우 1만 원 더 벌고 싶어서 일부러 돌아간 거죠?"

라고 오해를 했고, 내가 오해를 풀기 위해서 승객에게 만원을 돌려주었지만, 됐다면서 돈을 구겨서 바닥에 던졌다. 드라마에서라면 이럴 때 그 돈을 줍지 않았겠지만, 현실을 살아야 하는 나는 돈을 줍

지 않을 수 없었다. 나 그렇게 살던 사람 아니라고 설명할 길도 없고, 들어줄 사람도 없었다. 돈을 줍고 일어났을 땐 승객은 사라지고 없었지만, 나는 오랫동안 그 승객의 환멸에 찬 눈빛과 말투를 잊을 수가 없었다. 그리고 한 번은 SM 엔터테인먼트 본사 1층 커피숍에 친한 지인이 왔다. 내가 그곳 주차 담당이었는데 언제나처럼 열쇠를 받고 티켓을 줬다.

🧑 "준형 씨, 여기서 뭐 해요?"

그런데 지인이 나를 먼저 알아보고 물었다. 그 순간 보다시피 발레파킹하고 있다며 웃고 있었지만, 사실 그때는 처음 지인을 만난 것이라서 정말 도망치고 싶었다. 전에 알던 지인을 뜻하지 않은 공간에서 만나는 일은 같은 일을 계속하다 보면 부지기수로 일어나는데 그중에 특별히 기억에 남는 일례가 있다.

대리 운전을 하다 한 번은 잘 나가던 영업사원 시절에 아끼던 동생을 만났다. 내가 '고객님 어디로 모실까요?'하고 묻자 내 목소리를 알아들은 동생이 '준형이 형!'하고 아는 체하더니 술이나 먹자며 근처의 24시 작은 우동 집으로 나를 데려갔다. 한잔하면서도 내내 불안했는데 그걸 알았는지는 몰라도 그 동생이

🧑 "형, 내가 이따 집에 갈 때 10만 원을 줄 테니까 형수님한테는 오

늘 형이 고생해서 벌어온 돈이라고 해요."

하고 말했다. 내가 오래 알고 도움을 줬던 동생인데 그런 동생을 고객으로 만나니 내 처지가 더 선명해졌다는 생각에 쥐구멍으로 숨고 싶기도 하고, 그가 나를 측은해하는 마음이 창피하고 고마웠다.

"형, 나도 이래야 마음이 편해."

그는 그날 술값을 계산하고 5만 원짜리 두 장을 더 꺼내더니 억지로 내 주머니에 찔러 넣어줬다. 과거엔 이렇지 않았는데 어쩌다가 이렇게까지 추락한 걸까 생각했다. 이후로도 크기를 달리하며 자존감이 무너지는 일상이 이어졌다. 하루를 더 버티는 게 무슨 의미인가 싶었다. 그러던 어느 겨울날 겨우 붙잡고 달려오던 멘털이 와르르 부스러진 일이 일어나고 말았다.

때는 12월 중순이었다. 신논현역 사거리에서 평소처럼 대리운전을 뛰던 어느 금요일 밤이었다. 용인 포곡면으로 7만 원짜리 콜이 잡혔다. 한 건 제대로 하고 퇴근해야겠다는 설레는 마음으로 놓치지 않으려고 다급히 콜을 잡았다. 콜은 에버랜드 근처까지 가는 모양이었다. 하지만 고객이 알려준 목적지는 점점 에버랜드를 넘어 산골로 가기 시작했고 시간은 자정 12시가 넘어가고 있었다. 더 들어가면 안 된다는 생각에 불안했다. 취객은 잠이 들었고, 일부러 잠을 깨우려고 창문도 열어보았지만 일어나지 않았다. 더 들어가면 못 나올 텐데, 막차가 끊겼을 텐데, 걱정하면서 겨우 목적지에 도착했다. 나는 차주에게 호소했다.

🧑 "죄송하지만, 어차피 단속도 없고 차에서 1시간 반 주무셨으니까 밑에까지만 좀 내려주실 수 없을까요? 길도 어둡고 춥고 너무 힘듭니다."

🧑 "알겠으니까. 우선 내려봐."

하고 말한 그는 나에게 열쇠를 건네받자마자 시동을 끄더니 전원주택 같은 곳으로 혼자 문 닫고 들어가 버렸다. 곧 나올지도 모른다는 희망으로 문 앞을 서성이며 기다렸으나 얼마 후 잠시나마 켜졌던 주택의 불빛마저 점등되었다.

산골이었고, 대리비를 받은 돈으로 다시 택시를 부를 수도 없는 노릇이었으며, 아침이 오려면 최소 4~5시간은 기다려야 했다. 하는 수 없이 터덜터덜 산골을 내려가는데 겨울의 산골은 어쩐지 스산했고, 나는 용감하다고 자부했지만, 가는 길에 마주친 개 한 마리 때문에 다리가 후들거렸다. 하필이면 개랑 눈까지 마주친 탓에 한참 눈싸움을 했다. 혹시나 물리면 어디에서 보상을 받아야 하나 고민도 하고, 나름의 전략을 짜서 주변을 삥 돌아서 뛰었다. 그러다가 정말 우연히 한 칸짜리 하늘색 수세식 화장실을 발견했다. 다행히도 문이

열려있어서 망설임도 없이 들어갔다.
냄새는 10분이면 코가 마비되어 무감각
해져서 겨우 참을 수 있지만, 겨울 새벽
의 날카로운 추위는 도저히 참을 수 없
었다. 여기서 3~4시간만 자면 5시가 될
것이고, 그때면 첫차가 다니니까 마을
버스를 타고 나가리라. 그렇게 계획하
면서 문을 걸어 잠그고, 화장실에서 쪼

사진

그리고 앉아 패딩을 모자까지 뒤집어썼
다. 그때였다. 갑자기 누군가 문을 두드렸다. 처음엔 가벼운 노크를
하더니 곧이어 나오라고 소리치면서 쾅쾅 쳤다. 아마 그도 인근 주
택가에 승객을 내려준 대리기사인 것 같았다. 점점 두드리는 소리가
빠르고 거칠어졌지만, 문을 열어줄 수는 없었다. 그렇게 하지 않으
면 내가 밖에서 자야 하는 상황이었기 때문이었다.

"제가 죽어도 여긴 못 나갑니다. 밖에서 해결하세요."

하고 문을 열지 않은 상태로 말했다. 욕설이 들리는 것 같았지만
못 들은 척 눈을 질끈 감았다. 그가 화장실을 넘어뜨릴까 봐 겁났지
만 어쩔 수 없었다. 한 평짜리지만 찬바람을 피해 쭈그리고 앉아 있
을 수 있는 공간이라도 있다는 게 내게는 무척이나 간절하고 소중
했다. 나는 악취가 풍기는 그 공간에서 온 힘을 다해서 차가운 문고

리를 잡고 버텼다. 혹시나 문고리가 고장 나서 열릴까 봐 조마조마했다. 상대가 빨리 포기해 주길 기도하면서 밤을 지새웠다. 남자는 40~50분 정도 실랑이를 벌이다가 갔지만, 나는 그가 다시 돌아올까 봐 잠을 잘 수가 없었다. 다음날 날이 밝고 나서 첫차 버스를 타고 귀가했다. 지난밤 설움이 계속 차올랐다. 일을 나갈 수 없을 정도로 몸과 마음이 지쳤다. 멘털이 와르르 무너졌다. 이튿날 저녁 무작정 길거리에 나와서 양화대교로 향했다. 더 나빠질 게 없으리라는 부정적인 신념이 머릿속을 휘감았다. 나는 결심했다. 나에게 자비란 없는 이 세상을 등지기로.

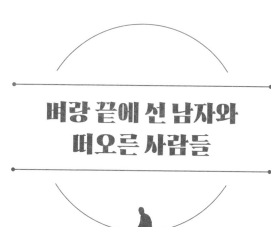

벼랑 끝에 선 남자와
떠오른 사람들

겨울의 칼바람은 살갗을 에일 듯 차가웠다. 걷는 걸음은 무겁고 생각은 점점 단순해졌다. 세상에 아무런 기대가 없어진 것이다. 예전에 미래를 꿈꾸며 평범하게 살 때는 가족들과 함께 한강에 놀러 가면 행복한 감정이 들었다. 한강을 걷고, 자전거를 타는 사람들과 근린 생활권에서 단란하게 살아가는 가족들의 모습만 보였다. 다리 위에서도 마찬가지였다. 그땐 야경을 비추는 물빛을 포함해 불규칙하게 보이는 나무나 바위 등 모든 게 정갈하고 아름다웠다. 하지만 내 상황이 힘들고 삶이 팍팍해지니 똑같은 한강을 보는데도 모든 것이 달라 보였다. 제일 먼저 밤의 한강을 보면서 든 생각은 무서움이었다. 새까만 물빛이 넘실대며 나를 집어삼킬 것 같았다. 스치듯 보이는 63 빌딩의 높은 조명과 KB를 상징하는 별빛 마크가 빛나고 화려해서 내가 더 낮고 초라해지는 기분이 들었다.

영화나 드라마에서 보면 누군가 다리 위에 서 있으면, 지나다니는 사람들이 잘도 다가와서 무슨 일이냐고 말을 걸어주던데 현실은 달랐다. 아무리 우울한 표정을 짓고, 비장함을 내뿜으며, 수상한 포즈를 취하고 서 있어도 아무도 관심이 없었다. 행인도, 자전거를 타는 사람도, 택시 기사도, 수많은 차도 각자의 목적지를 향해 달렸다. 나는 한참 양화대교 14번과 15번 다리 사이에서 갈등했다.

"하나님, 저 너무 억울해요. 그 사기꾼은 잘 먹고, 잘 사는데, 악착같이 일만 했는데 제가 벌 받는 게 이게 맞는 건가요? 저한테 이러면 안 되죠. 제가 얼마나 신앙심이 깊었는데요. 얼마나 남들보다 열심히 살았잖아요. 남에게 피해 안 주려고 노력하고, 베풀면서 살았잖아요. 그런데 도대체 왜! 왜! 저한테 이러는 거예요? 왜!"

세상이 원망스러웠다. 울화가 치밀었다.

"네가 그러고도 하나님이야? 네가 하나님이 맞냐고? 내가 왜 이렇게 살아야 하는데! 왜?"

억울함과 분노가 뒤섞여 절규가 터져 나왔다. 고작 3초면 된다고, 딱 3초면 편해질 수 있다고 되뇌었다. 그리고 그와 동시에 이런 생각도 했다. 혹시라도 내가 뛰어내렸다가 만약에라도 살게 된다면,

어느 방향으로 수영해서 나와야 할지를. 자유형? 평형? 그러려면 왼쪽으로 살짝만 이동해서 내려가야 하나? 다리가 후들거리면서 왼쪽으로 살살 이동하는 것이 느껴졌다. 마음이 바뀔 것까지 생각해서 얼어 죽기 전에 빠져나갈 계산을 하고, 사람들이 말려주지 않는 것을 서운해하는 나였다. 그때 내 안에서 또 다른 마음의 소리가 들렸다.

'나, 정말 관종인가. 나, 지금 진짜 힘들구나. 어쩌면 나 지금 누군가가 꽉 붙잡아주길 간절하게 바라고 있는구나.'

그러다가 문득 떠올랐다. 나를 잡아줬으면 하는 누군가가.

고된 일과를 끝내고 돌아왔을 때 아빠! 하며 달려와 안기는 아이들. 모두가 등 돌리고 사라져도 언제나 내 편이 되어서 나의 든든한 버팀목이 되어준 아내. 잡채와 각종 김치로 꾸린 밥상을 차려놓고 사위의 등을 마른 손으로 오래 다독거리며 용기를 주신 장모님.

힘든 순간마다 꺼내 보며 마음을 달래느라 모퉁이가 낡은, 행복하게 웃는 사진 속 가족. 절망을 버티게 해 준 가족들에게 내가 진 빚을 떠넘기고 나만 편하자고 떠나버릴 수는 없었다.

가족사진

눈앞이 희뿌옇게 흐려지면서 어딘가에서 아이들의 울음소리가 들리는 것 같았다. 밤늦게까지 대리운전을 끝내고 집으로 돌아가는 막차 버스 안에서 뒤늦게 본 아빠 언제 오냐는 아이들의 문자에 가슴이 뭉클했던 시간, 집으로 돌아가는 내내 가족들이 보고 싶어서 조급한 마음에 시간을 재차 확인하던 때의 감정이 살아났다. 고생했다는 아내의 평범한 인사가 손난로처럼 하루의 냉기를 녹여주던 밤과 비록 3,900원짜리 대패 삼겹살이지만 온 가족이 둘러앉아 먹던 유일한 고기 불판의 풍경이 떠올랐다. 그때 아이들의 작은 입으로 고기가 말려들어가던 모습을 자꾸만 보고 싶어서 나는 고기를 열 점도채 먹지 않았다. 매번 차린 건 많이 없다면서 온갖 종류의 김치와 반찬을 꺼내와서 내가 밥 먹는 내내 먹기 좋게 상을 정돈해 주시던 장모님. 장모님의 밥알 가득 정성이 가득 담긴 밥상과 따스하게 바라봐주던 눈빛이 떠올랐다. 나를 키워주신 조부모님의 무한한 사랑과 좋은 것은 하나라도 손주를 주려고 챙겨 오시던 작고 주름진 손길이 생각났다.

🧑 "눈에 넣어도 안 아플 내 강아지."
👩 "김 서방, 정말 수고가 많아. 나는 항상 자네를 믿어."
👩 "당신 고생했어. 오늘도."
🧒 "아빠! 사랑해요."
🧒 "아빠! 내가 형아보다 더 많이 사랑해요!"

갑작스럽게 살아야 할 장면이 머릿속에 온통 차올랐다. 파노라마처럼 행복한 순간들이 순위를 다퉈 재생되었다. 절망적인 시간 속에도 희망적인 순간은 있었는데, 절망에 맥을 못 추느라 잊고 살았다. 나를 몰아세우려고 더 비관적으로만 생각하고 행동했다. 어느새 추위도 잊은 채 뜨거운 눈물이 얼굴로 줄줄 흘렀다. 내 곁에는 이미 나의 어떤 모습이라도 사랑으로 받아주고, 가진 것 없어도 내 존재 자체만으로도 충분히 행복해하는 사람들도 있었다. 바로 내 아내와 아들들. 장모님 장인어른. 조부모님. 모두 나와 함께 기쁘고 힘든 순간을 모두 통과해 온 내 가족들이었다. 나만 힘들고 슬픈 게 아니었는데, 나는 왜 일순간의 분노와 감정에 휘말려서 평생 나의 든든한 지원군이었던 이들을 떠올리지 못했을까. 내가 죽는다고 해도 고통은 사라지지 않고, 가족들에게 전이되어 평생의 짐이 될 거였다. 나는 내가 잘못되면 가족도 잘못된다는 빤한 사실조차 잊고 있었다. 우리 가족을 제로에서 시작하게 해도 모자랄 판에 마이너스에서 시작하게 할 수는 없었다. 순간적으로 바보 같은 생각에 매몰된 나 자신에 대한 원망과 가족에 대한 죄책감에 눈물이 멈추지 않았다. 가족들에게 못해줬던 것들만 생각이 났다.

잠깐이지만 사기꾼의 뻔뻔한 낯짝도 떠올랐다. 나에게 작정하고 사기를 친 그에게 보란 듯이 성공해서 복수하고 싶었다. 복수하려면 가장 높은 곳으로 악착같이 올라가야 했다. 이대로 죽을 수는 없다. 내가 죽긴 왜 죽어. 복잡한 마음이 되었다. '10억. 그래 죽을 때 죽더라도 이 빚이라도 갚고 나서 죽자. 죽을 때 죽더라도 한 번은 그 사기꾼에게 복수다운 복수를 하고 죽자.' 그렇게 온몸에 힘을 빼자 다시 알 수 없는 에너지가 솟아났다. 그러다가 문득 그런 생각이 들었다. '내가 정말, 진짜 죽을 만큼 간절하게 성공하려고 도전해 본 적이 있었나? 미치도록 간절했나? 간절함의 크기가 최대였다고 확답할 수 있나?' 서서히 이성이 돌아왔다.

"하나님, 진짜 열심히 살아 볼게요. 동아줄 한 번만 내려주세요. 네? 저 죽기 싫고, 무서워요. 죽을 용기로 살아 볼게요. 살려주세요. 넥타이 매고 양복 입고 뛰어다니던 그때로 돌아가게 해 주세요. 저에게 기회만 주신다면 정말 후회하지 않게 노력해 볼게요."

두 손 모아 간절히 기도했다. 얼굴에 범벅된 눈물과 찬바람이 만나서 볼은 얼어붙을 듯 차가웠다. 떨리는 양손으로 얼굴을 녹이며 천천히 발걸음을 옮겼다. 머릿속으로 되뇌었다. 내 인생은 방금 저 다리 위에서 한번 끝났고, 방금 새로 태어났다고. 그렇게 나는 인생의 쉼표를 한번 찍었다. 내가 한참 걸어서 도착한 곳은 어느 대형 찜질방이었다.

보너스 인생은
역할극으로 승화하기

그날 밤. 나는 찜질방에 도착해서도 수건을 뒤집어쓰고 한참 동안 펑펑 울었다. 오늘 나의 첫 번째 인생은 끝났다. 내일부터는 두 번째 인생이다. 어차피 다람쥐 쳇바퀴 돌듯이 내일도 발렛과 대리운전을 똑같이 할 것이다. 그렇지만 기왕 하는 거 새로운 삶이니 지금까지 와는 다르게 더 재미있게 하자고 다짐했다. 이런 마음이 든 것은 더는 나올 눈물도 없을 만큼 지칠 때였다. 인생도 어차피 하나의 영화 같은 거 아니냐며 생각을 전환하려고 애썼다. 찜질방의 딱딱한 베개에 누워서 눈을 감고 내가 발렛과 대리운전기사 배역을 맡은 초보 연기자가 되었다고 상상을 해보았다. 대학 시절 처음 대본을 받아 들고, 내가 맡은 배역 대사에 형광펜으로 밑줄을 긋던 게 생각이 났다. 방금까지 울던 게 무색하게도 재밌게 무대에 오르던 기억이 떠오르면서 갑자기 피식 웃음이 났다. 사람 마음이 참 신기하게도 다

연기라고 생각하면 갑자기 무거운 짐이 가벼워졌다. 나는 이런 '연극기법'을 현실에 적용해 보고, 내가 누구보다 그 연기를 잘 해내겠노라 다짐했다.

예상대로 그 이후로도 내 삶은 똑같은 일상의 반복이었다. 여전히 대리와 발렛을 뛰었다. 그렇지만 나의 내면은 이전과는 전혀 다른 사람이 되었다. 양화대교의 사건으로 정신무장이 된 것이다. 나는 그때 양화대교 위에서 하나님께 빌고 빌었다. 다시 태어났다고 생각하고 미치도록 간절하게 살아 볼 테니 동아줄 한 번만 내려달라고.

그러니 나는 기도대로 동아줄을 받으려면 먼저 절실하게 열심히 살아야 했다. 평소처럼 단순 반복으로 일만 하며 살아선 안 되었다. 내게 주어진 일의 질감을 다르게 만드는 게 최우선이었다. 나는 찜질방에서의 재밌게 연극하듯이 살자던 계획을 실생활에서 조금씩 실천해 봤다. 이 모든 것이 상황극이라고 환경설정을 해보는 것이다. 처음에는 쉽지는 않았다. 현실은 현실이었기 때문이다. 과거에 연극할 땐 멜로드라마 주인공처럼 멋지게 살고 싶었는데 실상은 휴먼다큐가 되어 대리기사와 발렛을 하면서 인간극장 찍고 있는 게 내게 주어진 현실이었다. 그래도 촬영이라고 생각하니 신기하게도 나를 둘러싼 상황이 오히려 배경처럼 보이고, 나는 역할을 맡은 배우처럼 조금은 낯설게 느껴졌다. 마인드컨트롤에 연극기법이 실제로 도움이 된 것이다. 줄곧 '나는 지금 연극하는 중이다. 진짜 최고의 인생인데 지금 내가 맡은 배역은 휴먼다큐랑 인간극장이고 이렇게 몇 년만 고생해서 찍어 놓으면 이 작품은 지나가고 멜로 작품만 찍을 것이다.' 하며 주문을 걸었다. 과거에 나는 연극할 때는 조연만 맡았다. 키 크고 잘생긴 친구들이 주연을 도맡았다. 하지만 사회란 무대에서 주인공은 나였다. 지금 내가 맡은 역할이 힘들고 제일 고통스러운 역할이라 생각하고 딱 1년 ~ 2년만 견디면 나는 다시 최고의 배역을 맡을 거란 믿음을 가졌다. 모든 유명한 배우 스타도 항상 멋진 역할만 맡는 게 아니다. 역할은 계속 바뀌는 법이다. 나도 지금 당장은 좀 힘든 역할을 맡았지만 나중에는 더 멋진 역할을 맡아 인생이 또 한 번 변할 수도 있다고 믿었다. 이 연극에서 나를 돕는 사람은 내 최고의 조력자고 서포터다, 이렇게 생각하면서 나름대로 더 역할극에 빠졌다. 그래서 누군가 나를 더 괴롭히고 힘들게 하더라도 그냥 웃었다.

"쳇, 악역들도 다들 장난 아니게 연기를 잘하는구먼. 주인공인 내가 더 분발해야겠는걸."

이런 식으로도 마인드 컨트롤했다. 이렇게 약간 좀 다른 느낌으로 받아들이려고 하니 좀 재미있게 느껴졌다. 사람들이 뭐라고 하든 어차피 인생의 주인공은 난데, 하는 강단이 필요하다. 어떤 이상한 사람을 만나도 그냥 저 사람 연기 잘하는 걸로 혼자 치부해 버리고 나는 그저 나의 길을 가겠다는 마음이 중요하다. 나는 어차피 연기 대상 받을 거니까, 하면서 말이다. 그러면 팍팍한 삶에서 조금이라도 마음이 넉넉해진다. 이것을 받아들일 수 있으면 재밌는데 못 받아들이면 매일이 고통이다.

이후 나는 휴일이면 닭장차라고 불리는 스타렉스를 타고 페인트칠을 하러 다녔다. 당시로 돈을 많이 주는 일이라서 그 일도 나름 경쟁률이 높았다. 페인트가 냄새만큼이나 눈에도 독했는데 처음이라 모르고 고글 없이 칠하다가 눈 주변에 한 방울이 튀어 상당히 따끔거렸다. 내가 눈을 부여잡고 아파서 잠시 쉬겠다고 말했더니 반장이 다가와 뒤통수를 때렸다.

👤 "야. 고글도 안 쓰고 일할 거면 집에 가."

순간 정신이 번쩍 들었다. 돈도 못 벌고 집에 갈 수는 없었다. 나는 연신 사과를 하면서 아픈 거 꾹 참고 다시 칠했다. 페인트칠하는 것은 힘들었지만 그런 육체노동은 바로 돈이 되었다. 가족을 생각하면 돈 되는 것은 다 해야 했다. 힘들고 말고는 나중 일이었다. 그 외에도 발렛과 대리운전을 하면서 업무 외적인 일(커피, 밥, 소모품 심부름 등등)을 시키며 갑질하는 별의별 사람들과 대면했다. 물론 승객 중에는 좋은 사람도 있었지만 저 사람 진짜 너무 못됐다, 어떻게 같은 사람을 저렇게 취급할까 싶은 사람도 많이 봤다. 그들을 보면서 나는 성공해도 저러지 말아야지 하고 반면교사 삼았다.

유독 힘든 날이면 거의 최면을 걸듯 '내가 그동안 멜로드라마를 찍어왔기 때문에 이제 휴먼다큐 몇 년 찍어야 한다.'라고 말하면서 '그러니 언제 이렇게 힘든 역할을 또 해보겠냐'며 나를 다독였다. 마치 내가 사실은 회사 회장인데 신분을 숨기고 회사에 말단 사원으로 위장 취업한 것처럼 굴었다.

내가 비록 계절에 상관없이 구두와 검정 양복을 입고 밖에서 땀 흘리면서 발레를 하고 밤이면 고객이 기다리다가 화가 날까 봐 운동화가 닳도록 뛰어다니며 대리운전을 하지만, 나중에는 진짜로 이 건물 내가 사야겠다고 다짐했다. 그러니 누군가 딴지를 걸거나, 얼토당토않은 심부름을 시키고, 막말을 해도 그냥 웃음만 나왔다. '그래 두고 보자. 영화나 드라마 끝날 때처럼 마지막에 웃는 건 나일 테니까.' 하면서 혼자 최면을 걸었다. 그런 마음이라도 갖지 않으면 못 버티던 상황이었다. 그리고 그렇게 시작한 상황극은 점점 나와 밀착되면서 기존의 생각을 밀어내고 나의 새로운 정신이 되었다.

집에서도 아내와 아이들이 울적해할 때 나라도 웃으려고 노력했다. 웃는 모습을 자주 보여주면 해피바이러스처럼 집안으로 밝은 기운이 조금이라도 스며들지 않을까 생각했다. 의도하지 않아도 신기하게 저절로 미소를 지었다. 밖에서는 그렇다 치고 집에서도 그렇게 웃고 있으면, 아내가 뭐가 좋다고 실실 웃냐고 한마디 했다. 그 말이 참 좋았다. 일이 힘든 것과는 별개로 내가 내 삶을 통제하고 있다는 기분이 들었다. 하면 된다는 걸 실감했다. 그리고 다른 것도 도전해 보고 싶었다. 힘들 때 먹고살기에 바빠서 완전히 잊고 살았던 꿈을 다시 떠올렸다. 그 꿈이 바로 '판매왕'이었다. 아예 모르는 분야도 아니었고, 과거에 영업으로 성공해 본 경험상 영업은 노력하는 만큼 이룰 수 있는 영역이었다. 어떻게든 판매왕이 되어 다시 많은 돈을 벌고 싶었다. 꿈을 현실로 만들고 싶었다. 그러면 눈덩이 같은 빚을 갚을 수 있을 거라는 생각이 들었다. 오랜만에 다시 가슴이 두근거렸다.

동아줄이 내려왔다

발렛 일은 주로 블루스퀘어 건너편 바로 옆에 있는 BMW 한남 전시장에서 했다. 투명한 유리 통창으로 계약을 하는 영업사원의 모습이 얼비치기도 하고, 오가며 신입직원들의 실적이 좋지 않다며 마뜩잖아하는 상사들의 푸념을 엿듣기도 했다. 한 평짜리 부스에서 차를 넣고 빼면서 생각했다. 내가 다시 십 년 전, 영업하던 때로 돌아갈 수만 있으면, 나는 손님을 놓치지 않고 잘할 수 있을 것 같다고.

　BMW 한남 전시장으로 일을 배정받을 때마다 몇 년을 그렇게 영업사원들을 바라보면서 부러워했다. 영업사원들이 볼 때는 아무것도 아닌 평범한 일상이지만, 무전기 차고 종일 뛰어다녀야 하는 주차요원인 내 입장에서는 그저 꿈같은 일이었다. 나에게도 다시 기회가 올까 기대하며 점심시간마다 삼각 김밥과 천하장사 소시지로 배를 채우면서 인근 전시장에 이력서를 내고 다녔다. 영업직으로 지원했지만, 아무 곳에서도 연락은 오지 않았다. 1~2년도 아니고 렌터카 사업 기간을 합치면 10년 가까이를 쉬었으니까 그 공백 기간은 마이너스로 작용했다. 합격 여부를 알고 싶다고 전화를 하면, 팀장들이 서른셋인데 마흔 넘은 사람이 신입 사원으로 들어오면 불편하다는 답변만 돌아왔다. 그리고 우연히 면접이라도 보면 과거에 아무리 잘했어도 마흔 넘은 신입 사원은 뽑을 수 없다고, 이미 시대가 변했다고 말했다. 연속성이 없으면 리셋인 곳이 영업판이었다.

그럼에도 불구하고 노력하다 보면 나도 영업직이 될 수 있을 거라는 희망을 놓지 않았다. 발렛 대기 시간이면 1평짜리 대기실에 서서 꾸준하게 인사말 연습을 했다. 쪽거울을 보면서 미소를 짓고, 그 연습을 바탕으로 주차할 차량 열쇠를 건네받고, 고객에게 우산을 씌워줄 때마다 차량 계약하는 고객을 대하듯 밝게 인사를 했다. 집에 갈 때는 더더욱 마음을 다잡고 입가에 미소를 풀지 않으려고 애썼다. 아이들 앞에서 만큼은 가장으로서 슬픈 모습, 우는 모습 보여주기 싫어서 웃으면서 들어가서 성공한 기분을 주고 싶었다. 우리 아빠 행복하구나 이런 느낌이 들게 하고 싶었다. 그래서 맨날 주차부스에서 쪽거울을 보면서 웃는 연습 했다. 그 시간이 누적되니 나를 모르는 사람들은 저 사람은 밝으니까 되게 재밌네, 사람이 이렇게 재밌게도 사는구나, 하는 말을 들을 정도가 되었다. 하지만 그 당시까지도 미소는 나에게 사실 힘든 걸 감추기 위한 수단이었다. 그리고 실제로도 웃어야 그나마 좀 괜찮은 느낌이 들기도 했다. 지금 발 딛고 선 내 자리에서 내가 할 수 있는 것이 미소뿐이기도 했다. 꾸준히 시간을 들여서 밝은 미소를 연습했다. 치아가 변색될까 봐 커피조차 마시지 않으려고 노력했다. 사람이 간절히 원하면 정말 우주가 돕는 걸까? 그동안 연습한 미소가 나에게 가장 강력한 무기가 되어 돌아왔다. 기회는 예상치 못한 곳에서 찾아왔다. 바로 지프에서 러브 콜이 온 것이다.

🙎 "자네 혹시 영업해 볼 생각 없나?"

입사한 후에 이유를 물었더니, 한남동 전시장에 손님으로 오셨던 사장님은 시종일관 웃으면서 발렛을 하는 나를 보고 제안을 한 것이라고 답했다. 처음에 입사제의 연락을 받았을 땐 정말 세상을 다 가진 것처럼 행복했다. 일단 생각해 보겠다고 전화를 끊고 바로 아내에게로 곧장 전화를 걸었다. 열심히 웃고 노력하면 기회가 한 번은 오는구나 하는 생각이 머릿속에 맴돌았다. 연결음 너머로 아내의 따뜻한 음성이 들렸다. 아내의 목소리에 잠시 해야 할 말이 목에 걸렸다. 그동안 함께한 고생이 물밀 듯이 밀려왔다. 잠시 후 감정을 가다듬고 아내에게 말했다.

🙎 "여보, 드디어 우리에게 동아줄이 내려왔어."

영업 물을 만난
카준형 물고기

다시 영업직으로 복귀를 하면서 회사 가는 일이 놀이터에 가는 것처럼 즐거웠다. 십 년 가까운 세월 동안에 아날로그는 거의 디지털로 바뀌어 있었다. 계약서도 거의 전자문서로 써야 해서 수기로 먼저 작성하고 저녁에 홀로 전자 문서로 다시 옮겨 적었다. 나의 이력서를 거절한 회사 측 말처럼 나는 신입직원들보다 나이도 많고, 젊은 친구들에 비해 내세울 게 없었다. 그래서 처음엔 두려운 마음도 설레는 마음만큼이나 컸다. 하지만 즐기는 사람보다 더 무서운 사람이 있을까? 나는 고객과의 만남을 위해서 단정하게 면도를 하고, 미용하고, 웃는 연습을 했다. 영업 일을 하고 싶어서 이력서를 보내고 낙방했던 지난날들이 떠오르니 지금 이 순간들이 정말 소중하다는 게 절실히 느껴졌다. 저절로 뛰어다니며 일했다. 처음 영업에 재기했을 때는 주말엔 발렛을 밤에는 여전히 대리 운전을 병행했다. 처음엔 낮은 기본급정도에 계약 건수가 많지 않았지만, 점점 계약이 늘어갔다. 대리운전을 하다가 자동차 이야기가 나오면 낮에는 자동차 영업을 한다고 알리면서 명함을 남겼다. 길을 걷다가도 밥을 먹다가도, 버스를 타고 지나가는 동안에도 영업과 관련된 아이디어만 온통 머릿속에 가득 찼다. 아이디어가 사라질까 봐 불안해서 항상 근처에 메모지를 가져다 놓고 메모를 했다. 자기 전에는 메모지를 베개 옆에 두고 자기도 했다. 지나가다 보이는 차 관련 업종(운전면허 및 카센터 등)에 홍보를 추진했다.

내가 좋아하는 일이라서 그 일과 관련된 일로 온 마음이 가득 찼다. 잘 해내고 싶었다. 차와 나에 대해서 말하고 사람들을 알아가는 일이 즐거웠다. 내게 주어진 기회를 잃지 않으려고 목표를 매일 점검했다. 회사에서 나온 팸플릿을 달달 외우고 유튜브로 지프 차종을 공부했다. 처음에 주변 분들에게 물어보았지만, 속 시원한 대답을 들을 수 없어서 내가 속 시원한 대답을 하는 영업사원이 되기로 마음먹었다. 매장에서 밤을 지새우면서 혼자 설명하는 연습을 했다. 고객 치부책을 연구했고, 진심으로 다가가기 위해서 어떻게 하면 좋을지 매일 고객과 대화하는 상상을 했다. 한 고객 뒤에 몇 명의 사람이 있을지 모른다는 생각으로 한번 인연을 맺은 고객과는 관계를 꾸준히 유지하기 위해서 애썼고, 실제로 소개를 받는 감사한 일도 점차 늘었다.

내가 입사한 후에 회사에서는 매월 실적 목표 그래프가 열 칸을 가볍게 넘겨 동료에게 위화감을 조성한다는 이유로 그래프를 없앴고, 계약금이 10만 원이었는데 계약 건수가 너무 많아져서 계약금을 50만 원으로 올렸다. 사소하지만 나로 인한 변화들을 보면서 나는 또 한 번 자기 효능감을 느꼈다. 하면 된다는 것을 나 자신에게 스스로 증명해 보인 것이다.

영업으로 빚을 어느 정도 갚고 월세 아파트로 이사하면서 안산의 5평짜리 반지하를 탈출하기 전날이었다. 그날 아이들이 문에 붙여놓은 판박이 스티커를 제거제 뿌려가며 2~3시간 동안 열심히 벗겨냈다. 손톱으로 벗기다가 안되면 돈 물어줘야 하니까, 독한 냄새를 참아가면서 열심히 벗겼다. 그때 나는 나중에 자가를 소유하게 된다면 아이들이 마음껏 판박이를 붙이고 문짝에 구멍을 내든, 바닥을 찍든 자유롭게 해 줄 것이라고 생각했다. 이사 온 아파트도 월세였지만, 일단 5평짜리 반지하 탈출 기념으로 가족끼리 치킨을 시켜서 먹었다. 창밖을 보면서 가족끼리 둘러앉아서 치킨을 먹는 게 이렇게 행복한 일인 줄 예전에는 미처 알지 못했다. 우리 가족만의 안락한 공간이 있다는 게 참 감사하고 소중했다. 그날, 나 자신과 약속했다. 강남은 아니더라도 경기도건 인천권이건 꼭 아파트 사서 입주하기로.

이후 코로나가 터졌다. 코로나가 기승을 부리고부터 나는 유튜브를 시작했다. 유튜브를 시작할 때 주변에서는 우려했지만, 나는 성과와 상관없이 즐기면서 하려고 노력했다. 소통하는 게 즐겁고 재밌었다. 내 이야기를 할 수 있는 소통 공간이 있다는 것이 좋았다. 그리고 나의 영업 지식이 다른 누군가에게는 지금 꼭 필요한 지혜나 정보가 될 수 있음에 기쁘고 감사했다. 유튜브는 내가 자는 동안에도 나에게 새로운 기회들을 가져다주었다. 전국의 고객들에게 나를 알리는 창구가 되어주었고, 내 신뢰의 바탕이 되어주었으며, 강연의 기회로까지 연결되어서 덕분에 새로운 일들에 도전할 수 있게 되었다.

지금의 나는 전혀 다른 삶을 살고 있다. 아파트를 분양받아서 또 한 번의 이사를 했다. 우리 가족의 소원대로 서울과 가까운 인천권에 집을 가지게 된 것이었다. 또한 입사 1년 2개월 만에 나는 연 180억 매출을 찍고, 연봉 10억을 달성했다. 내 한계를 계속 갱신한 경험을 바탕으로 여러 강연을 다니고 있으며 여전히 다양한 기업과 기관에서 동기부여 강의 요청이 들어온다. 그러다 보니 자연스럽게 다른 사람들과 교류하게 되고, 희망 조약돌*을 통하여 어려운 이들에게 기부를 실천하는 삶을 살게 되었다.

---

* **희망조약돌** :희망조약돌은 국내외 역차별 현상과 수많은 NGO 단체들의 문제점을 현장에서 지켜봤던 젊은 청년들이 작지만, 사비를 털어 설립되고 운영되고 있는 NGO 단체. 빈곤노인, 결손아동, 위기가정, 희귀 난치병, 화상환자 지원 등 누구나 주변에서 한 번쯤 보지만 쉽게 지나치는 절실한 이웃을 돕는 단체.

얼마 전에 대리운전하던 시절에 24시간 우동 집에서 10만 원을 주머니에 챙겨주던 동생의 상갓집에 갔다. 그는 과거에 고생하는 내 모습을 보고 마음이 너무 아팠다면서, 그래도 자신은 형이 이렇게 잘될 줄 알았다고 전했다. 나는 과거에 미안하고 고마웠던 마음을 담아 조의금을 많이 냈다. 그와는 그때를 회상하면서 가볍게 추억하지만, 그 당시의 나에겐 그 순간들이 모두 아픈 현실이었기에 지금 이렇게 보답할 수 있는 사람이 되었다는 사실 만으로도 감사하고 벅찰 때가 있다.

이제는 아이들과의 시간 역시 돈으로 살 수 없다는 것을 안다. 아이들과 함께하는 순간이 소중하다. 현재 나는 공기업과 대기업 등 다양한 분야의 방송, 영업과 저술 등 많은 영역에서 활발히 활동하고 있지만, 시간을 쪼개서 새벽마다 아이들과 축구를 다녀온다. 에너지 넘치는 아이들과 축구를 하다 보면 체력이 부족해져서 친한 지인의 병원에서 링거를 맞는다. 그렇더라도 같이 축구를 하며 흘린 땀방울의 가치는 돈으로 환산할 수 없음을 이제는 알고 있다. 정말 감사하게도 내가 절망에 빠져 있던 시기에 아이들은 어릴 때라서 그때의 고통을 거의 기억하지 못한다. 돌이켜 생각해 보면 내가 30대 후반에 실패한 게 그나마 감사한 일이 되었다. 하지만 과거에 나는 생계에 급급해서 돈 주고도 살 수 없는 가치를 뒤로 미루면서 살았다.

여기서 내가 강조하고 싶은 것은 바로 이것이다. 주변의 모든 걸 놓고 도전만 하라는 말이 아니다. 당신이 정말 절실하다면 딱 일정 기간만 한 분야에 미쳐서, 임계점을 넘어보는 경험을 해봤으면 좋겠다. 그 이후로는 자신만의 페이스를 조절해 가면서 리듬을 찾을 수 있을 것이다. 적당히 원하면 핑계가 보이고 간절히 원하면 방법이 보인다. 간절하게 자신이 원하는 분야에서 최선을 다하면 방법은 계속 찾게 되어있다.

1장은 내가 사회인이 된 이후 걸어온 길을 되짚어 보았다. 2장부터는 어떻게 영업으로 성공할 수 있었는지 세부적으로 낱낱이 살펴보면서 내가 터득한 방법론적 노하우를 솔직하게 공개할 것이다. 나는 강연 막바지에 이르면 꼭 객석에 전하는 메시지가 있다.

"살면서 단 한 번이라도 간절하다 절실하다 자신 있게 말할 수 있으면 여러분 인생은 성공한 겁니다. 열심의 역치를 올리세요. 자신에게 당당할 만큼 힘껏 노력한 후에야 운을 탓할 수 있습니다. 성공은 절실함에서 피어납니다."

내가 체득해서 얻어낸 노하우와 신념을 책 곳곳에 남겨 놓을 테니 당신의 절실함만큼 얻어가서 간절한 곳에 적용해 보기를 바란다. 당신은 내가 경험한 고통과 시행착오를 겪지 않고도 성공의 궤도를 달렸으면 하는 마음으로 사소한 부분까지 솔직하게 담았다.

자! 그럼 지금부터 본격적으로 카준형의 영업 노하우를 파헤쳐보
자.

2장

카준형을 만든
영업철학 / 멘털관리

연애처럼 영업하라

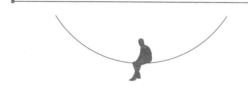

연애를 처음 시작할 때 가슴이 콩닥콩닥 뛰고, 기다림마저 설레던 그 순간을 기억하는가? 상대방의 인사차 건네는 안부에도 크게 감동하고, 짧은 답장에도 행복했던 순간이 있었을 것이다. 고객과의 만남도 연애와 크게 다르지 않다.

나는 영업을 직업으로 삼으면서 제일 행복한 게 하나 있다. 사무실에서 먹고 자면서도 그다음 날이 기대되고 설렌다. 왜냐하면 나는 영업을 하기 때문에 내일 당장 연예인을 만날 수도 있고, 의사를 만날 수도 있고, 운동선수를 만날 수도 있고, 재미있거나 사연을 가진 사람과도 만날 수 있다. 내가 내일 누구를 만날지 모른다는 사실이 참 설렌다. 이처럼 영업은 연애와 많은 부분이 닮았다. 연애와 같이 기대되며 고도의 심리전이고, 매 순간 예측이 불가다.

연애에 푹 빠져야 상대에게 직진할 수 있듯이, 영업 자체에 푹 빠져야만 고객에게 자신 있게 다가갈 수 있다. 조금이라도 망설이거나, 진심이 아닌 모습을 보이면 바로 상대방에게 탄로가 난다. 자려고 누워도 생각나고, 잠을 줄여서라도 하고 싶은 일, 영업사원에겐 고객과 만나는 일이 그런 일이어야 한다.

그만큼 꾸준히 노력하지 않으면 안 되고, 열 번 잘하다가 한 번만 못해도 고객과의 신용에 타격을 입을 수도 있다. 그래서 매우 섬세하게 이뤄져야 한다. 하지만 한 번 성취해 본 이들은 영업의 무한한 가능성과 가치를 알고 있다. 어렵게 얻어낸 사랑이 달콤한 것처럼 말이다. 노력에 비례하는 보상은 어쩌면 가장 정직한 보상의 형태다. 타 직업은 어려울지 모르지만, 영업의 세계는 그게 가능하다. 인풋만큼 아웃풋을 얻는 구조. 그게 영업직의 매력이다.

나는 여전히 새로운 만남에 기대를 품는다. 고객과 어느 정도 발전할지는 내 노력의 역치에 달렸다. 우리나라 사람들은 감정 표현에 인색하지만 연애할 때만큼은 온 촉각과 신경이 모두 상대방에게 집중된다. 그걸 업무에도 잘 활용해 보면 어떨까?

시간은 한정되어 있고 먹고살기 바쁜데, 언제 그런 애정까지 느끼고 있겠느냐고 반문할 수도 있다. 내가 여력이 없을 때는 감정적으로 더 인색해지는 것도 사실이다. 하지만 시간은 공평하다. 그러니 당신의 선택이다. 나의 경우에는 고객과의 만남을 즐기는 대신 동료들끼리 어울리는 잦은 소모임엔 잘 참석하지 않는다. 그 시간에 조금이라도 더 고객을 분석하고, 고객 사후 관리를 점검하며, 홍보할 방법이 없는지 아이디어를 고안한다. 또한 고객님을 만나기 전에 갖출 단정한 의상, 준비물, 서류, 선물과 업데이트된 제품 정보 등등 누락된 것은 없는지 확인하는 편이 동료와 어울려 노는 것보다 훨씬 마음이 편해지고 만족스럽다.

누구를 만날지 모르는 기대감과 설렘을 연애할 때처럼 고객에게도 접목시킨다. 반가운 마음으로 뛰어가서 문 열어주고, 맞아주고, 상담하고, 설명하며, 고객과 만나는 건 정말 인연 중에 인연이라는 생각으로 임한다. 설레는 마음으로 좋아하고, 아끼는 사람 대하듯이 고객을 대하면 당신의 계약이 성사될 확률은 분명히 올라갈 것이다. 무인도에 있다가 사람을 만난 느낌이니 고객과의 대화가 즐겁다. 고객의 니즈를 확인하고 고객과의 상담을 통해서 고객 선호도 및 고객의 구매 의사를 천천히 파악한다. 그러다가 다른 주제 이야기를 하게 되기도 하고, 3~4시간이 훌쩍 지나기도 한다.

영업은 쾌활하고, 밝으며, 어울리기만 좋아할 것 같은 직업으로 비치지만, 고객을 만나기 전에는 고독하고 외로운 혼자만의 시간이 절대적으로 존재한다. 그러다가 고객을 만나면 그동안 갈고닦은 롤 플레잉(제품 스피치)을 보여줄 수도 있고, 계약으로 이어질 수도 있어서 고객을 만나는 일이 늘 설렌다. 그런 심정이니 한 사람 한 사람이 소중하다. 무슨 말이든 새롭다. 내가 상대를 존중하니 상대는 더 많은 말을 하게 되고, 그럴수록 나눌 수 있는 대화는 많아진다. 대화의 선순환이 이루어지는 것이다. 여기서 주의할 점이 있다. 한 번에 본론으로 들이대면 상대는 부담을 느끼고 도망간다. 상대가 무엇을 원하는지 파악하는 것이 중요하다. 상대를 알고, 내가 상대에게 어떤 도움을 줄 수 있을지를 어필하면서 서서히 스며들 듯 대화를 이어나가야 한다.

우리는 사랑할 때 상대의 마음을 얻기 전까지 자신의 모든 것을 다 바친다. 설명도 마찬가지다. 고객을 만나서 상담할 때도 한 분, 한 분 열정적으로 나의 마음이 잘 전달될 수 있도록 정성을 다하면 고객에게 내 마음이 닿을 수밖에 없다. 나 역시도 연애할 때와 마찬가지로 상담이 끝난 후에 고객님한테 선물을 안겨주기도 하고, 패션센스나 스타일, 목소리, 매너 등 칭찬을 아끼지 않는다.

우리는 사랑에 빠지면 상대방의 마음을 얻기 위해서 여러 가지로 노력한다. 상담이든 연애든 상대방의 마음을 얻으려면 말투, 행동을 상대방에 맞춰서 상대의 기분을 좋게 만들어야 한다. 그래야 정말 기분 좋고, 미안해서라도 상대방이 당장 계약할 정도로 내 진심이 전달된다.

상대방을 내 사람으로 만들었다면 이때부터는 관리가 더욱 중요하다. 정기적으로 연락해야 한다. 물리적으로 멀어서 못 만나더라도 편지든, 전화든, DM이든 다양한 방식으로 연락이 가능하다. 생일날 카톡으로 커피 쿠폰을 보내더라도, 이모티콘과 감사의 메시지를 보내며 이 사람은 나를 생각해 주고 있구나, 하는 마음을 고객님께 심어주면 오래갈 수 있다. 이미 내 사람으로 만들었다고 해서 '이미 내 고객 됐으니 이제 그만 에너지를 쏟자'라고 마음먹으면, 고객은 마음이 돌아선다.

마찬가지다. 사랑하고 좋아하는 만큼 자기가 공을 들였으면, 내 사람으로 만든 후에도 계속 지속적으로 노력해야 한다. 연애도 마찬가지다. 이미 내 여자친구, 남자친구가 됐다고 해서 신경도 안 쓰고 그냥 내버려 두면 어김없이 상대는 떠나간다. 왜냐하면 세상에는 더 좋은 사람이 많기 때문이다. 수많은 경쟁사와 영업사원들이 늘 도사린다는 사실을 명심하라. 사랑하는 사람을 지키는 것, 내 고객을 지키는 것은 순전히 당신의 노력 여하에 달려 있다. 나 역시 고객이 부담스럽지 않은 선에서 사랑스러운 눈빛을 보내고 다정한 말투로 말하며, 감사한 마음으로 고객님을 대한다. 고객들은 나의 표정이 참 친근하다고 말해준다. 진심으로 감사하면 그런 표정이 절로 나올 때가 많다. 멀리서 와주는 고객분들이 많기도 하고, 소개로 와주시는 분이 많기도 해서 그렇다.

"고객님 먼 걸음 해주셔서 감사합니다. 정말 보고 싶었어요."

나는 미리 연락하고 방문한 고객을 마주하면 이런 멘트로 상대의 마음을 확 당긴다. 인위적으로 하면 더 어색하고 뻣뻣해질 수도 있다. 사랑하는 마음을 담아 고객을 내 사람이라고 생각하고 대하면 당신은 롱런할 수 있다. 여기서 팁을 주자면 약혼자라고 생각하면 실패할 확률이 더욱 낮아진다. 결혼도 계약도 끝날 때까지 끝난 게 아니다. 그리고 결혼보다 중요한 것이 결혼 후의 삶이듯이, 계약보다 중요한 것이 계약 이후의 관계다. 이렇게 잘 된다면 당신이 사랑하는 그들은 또 다른 이에게 당신을 소개해 줄 것이다. 그리고

—— ◆ ——

소개는 또 다른 소개로 이어지며 아름다운 후렴구가 된다.

나만의 철칙을 만들어라

당신은 당신만의 철칙이 있는가? 영업직은 소득의 스펙트럼만큼이나 업무의 활동 범위가 넓다. 그래서 더욱 자신만의 철칙을 세우고 지키는 일이 필수다. 가끔 회식하거나 놀 때는 나도 분위기에 어울려서 미친 듯이 논다. 다만 영업하는 시간 동안은 회사에서 고객과 상담하고, 전화하고, 내방하며, 철저하게 외롭고 치열한 시간을 보낸다. 이런 시간이 쌓여서 단숨에 점핑하는 순간이 오는 것이다. 한 번에 여러 가지 철칙을 만들면 현실적으로 지키기가 어렵다. 하나씩 체화시키면서 늘려가는 것을 추천한다. 예로 내가 기본적으로 지키는 철칙 세 가지를 말하자면 다음과 같다. 어디까지나 나만의 철칙이니 가능하다면 적용해 보기를 추천하지만, 사람마다 가치의 우선순위와 선호도의 기준이 다를 테니 철칙을 세우는 데에 참고만 되어도 좋겠다.

▌철칙 첫 번째는 게임이나 드라마를 보지 않는다.

모바일 게임이 재미있다는 것은 누구나 아는 사실이다. 그리고, 전 세계인의 여가 시간을 꿰차고 들어와 자리 잡은 넷플릭스와 티빙, 웨이브, 디즈니 등등. 이 OTT 세상 역시 한 번 빠지면 다음화를 보게 되고, 추천 작품을 보게 되고, 그러다 보면 점점 헤어 나올 수가 없게 된다. 이렇게 재미있고, 유혹적인 게 영업하는 사람에게는 해가 되고, 독이 된다. 같은 매장에서 일하는 직원을 보면 토요일이나 일요일 날 상담이 없어도 출근한다. 집에는 업무를 핑계로 출근해서는 종일 짜장면을 시켜 먹으면서 컴퓨터 앞에 앉아서 OTT로 밀린 드라마를 시청한다.

영업 관련 아이디어를 생각하는 것만으로도 1분 1초가 아까운 나에게는 그런 모습이 그저 안타까울 수밖에 없다. 남들이 유명하다는 작품을 못 봐서 아쉽지 않냐고 묻는다. 하지만 애초에 모르면 욕구가 없다. 남들 다 보니까 보려는 마음에 내가 해야 할 일을 뒤로 미루면서까지 보고 싶지는 않다. 군대에 운전병으로 있을 적에도 담배를 피우라고 여러 번 권유받았지만, 나는 피지 않았다. 다들 일 안하고 담배 피우러 가는데 억울하지 않냐며 담배를 배우던 군대 동기도 있었지만, 애초에 시작을 안 하면 갈망이 없다. 나한테는 아무것도 아닌 일이 된다. 그 일에 얽매이고 싶지 않다. 나는 내가 원해서 선택한 일이 있고, 내가 선택한 일을 위해서 내 시간을 온전히 통제하고 싶었다. 완전히 영업에만 평생 매달리라는 말이 아니다. 어느 정도 일정 부분 목표 달성 도달할 때까지는 다 끊어야 한다. 정말 보고 싶으면 요약본으로 보라. 유튜브에서 요약본 15분~ 20분짜리 줄거리만 딱 보고 끝내야한다. 선택과 집중은 필수다.

▌철칙 두 번째는 성실한 출퇴근이다.

당연한 말이라서 의아할 수 있겠지만, 당연해서 쉽게 놓칠 수 있는 부분이다. 영업인들은 더욱 출·퇴근을 정시에 확실하게 해야 한다. 영업은 타 업종에 비해 시간이 자유로운 편이다. 하루 이틀 퍼지다 보면, 그러면 이번 주 망했어 그냥 다음 주부터 해. 그리고 다음 주 되면, 또 힘들어 죽겠어, 좀 드라마 보며 힐링 좀 하자. 그러다가 그래 좋아 이번 주까지만 놀고, 다음 주부터 열심히 일 해야지. 이렇게 된다. 영업은 시간이 자유로운 만큼 출·퇴근에 대해서는 확실하게 해야 한다. 근태를 소홀하게 하면 이것도 습관이 되어 결국에는 몸이 조금 찌뿌둥하다 싶으면 미룰 이유를 찾는다. 이런 습관과 쉽게 합리화하는 태도가 미래를 결정한다.

입사한 지 한두 달도 안 됐는데도 지각하는 직원들은 맨날 지각한다. 더 충격적인 사실은 회사에서 집이 가장 가까운 직원조차 지각한다는 것이다. 그는 9시 출근이면 8시 40분에 알람을 맞춰놓고 10분 만에 씻고 출근하면 된다고 말한다. 그리고선 그런 느긋한 마음 때문에 결국 지각을 하고 만다. 지각 후엔 핑계가 따른다. 몸이 아프고, 차가 막히고, 급한 고객 미팅이 있어서 그랬다고 말이다. 하지만 그 직원의 품행을 보면 누구나 안다. 전날 과음을 했고, 늦잠을 잤으며, 약속한 고객이 없다는 사실을. 비교하려는 건 아니지만 나는 차로 막힐 때 나오면 2시간이고 안 막힐 때 나오면 40분이다. 그래서 미리 서둘러서 일찍 출근한다. 그리고 그 출·퇴근 시간마저 아까워서 전시장에서 지낸 적도 있다. 마음이 있다면 거리가 멀고, 가까운 것은 추후 문제다. 기본적인 출·퇴근 기간조차 지키지 못하는 것은 마음가짐 문제다.

그럴 거면 애초에 왜 영업하는지를 생각해 볼 일이다. 출근 도장만 찍으면 그 이후로는 시간이 자유로우니까 영업을 하는가? 그렇다면 이후의 책임은 본인이 져야 할 것이다. 책임의 여부는 실적으로 월말에 판명이 될 것이다. 근태가 좋지 않으면 실적은 어김없이 나쁘다. 실적과 근태는 비례한다. 업무 긴장감 역시 비례한다. 더 일찍 출근하고 더 늦게 퇴근하는 건, 뭐라고 안 하지만, 정해진 근무시간조차 지각하고 조기 퇴근하는 건 큰 문제다.

▌철칙 세 번째는 매일 오늘에 대한 반성과
내일에 대한 계획을 하는 것이다.

자기 직전에 종이에다가 하루의 반성을 기록한다. 평소에 일기를 쓰지 않더라도 그날 하루를 자신만의 방식으로 간단하게 정리해 보고 마감하는 것이다. 이런 기록은 이후에 나올 '셀프 대화법'을 하는 데 도움이 된다. 남들은 옛 방식이라고 생각할지 모르지만, 나는 항상 다이어리에 오늘 한 일과 내일 할 일을 쓴다. 내가 하루동안 실수한 것들과 실수하면 안 되는 것들을 기록해 두고 수시로 확인한다.

또한 영업 사원은 신뢰가 생명이기 때문에 내일의 중요한 계획은 어떤 식으로든 각인시킨다. 절대 잊어버리면 안 된다. 내일 됐는데 까먹었다고 하면 고객은 떠나간다. 중요한 약속이 있으면 하루 전날에 상기시켜 놓아야 한다. 메모를 해서 백미러나 핸들에 붙여 놓든, 휴대전화 알람을 여러 번 맞춰 놓든, 다이어리에 적어두고 수시로 확인하든 강박적으로라도 기억에 남길 자신만의 방법이 필요하다. 내일의 약속을 잊어버리는 순간 그 고객은 영원히 볼 수 없다. 이런 생활이 완전히 체화되어야 한다. 이것은 타인과의 약속 이전에 자신과의 약속이다.

이런 식으로 철칙을 하나 둘 세우다 보면 자신만의 철칙이 조금씩 쌓여갈 것이다. 나는 사실 이 이외에도 내가 정한 철칙들이 많다. 단기, 중기, 장기 목표를 정해 놓고, 각각 자기 보상과 자기 절제를 한다. 한 번에 많은 걸 할 수는 없다. 나 역시 하나씩 만들어 온 것이다. 이미 본인도 모르는 사이 지키고 있는 철칙이 있을지도 모른다. 사람은 자신만의 철칙이 늘어갈수록 성공의 궤도로 한 걸음씩 나아가고. 자신이 꿈꾸는 모습과 조금씩 닮아갈 것이다.

———— ◆ ————

'사람은 기본적인 자세에서 가장 많은 것이 드러난다.'는
사실을 명심하면 좋겠다.
자, 그럼 당신이 지금 가장 지키고 싶은 철칙은 무엇인가?

전시장에서
지새운 밤

내가 남들에 비해 특별히 똑똑하거나 잘난 게 없기 때문에 남들보다 더 많이 일해야 한다고 생각했다. 처음에 회사에 들어갔을 때 대표님께 이렇게 말했다.

"1년만, 딱 1년만 지켜봐 주십시오. 제가 최고가 된다고는 말은 못 하지만 최선을 다한다고는 약속드릴 수 있습니다. 딱 1년만 제가 미친 듯이 해보고 만약에 안 되면 제 발로 나가겠습니다."

그리고 나는 실제로 열심히 일에만 매달렸다. 발렛과 대리기사 시절에 뛰어다녔던 습관이 남아서 매번 뛰어다니면서 일처리를 하니 더욱 그렇게 보였을 것이다. 결과적으로 영업에 올인했던 1년이 나의 인생을 180도 바꿔 놓았다. 지프 영업이 나에겐 동아줄 같은 기회였다. 잘하고 싶었고, 가족들을 어떻게든 힘든 상황으로부터 구출해내고 싶었다. 그 마음은 출·퇴근 시간마저 아끼고 싶게 만들었다. 처음엔 아이들도 걸리고, 전시장에서 생활할 나의 모습이 잘 그려지지 않았지만, 목표가 있었기 때문에 어렵지 않게 결심할 수 있었다. 아내에게도 1년만 좋은 아빠 좋은 남편 못 되지만 아이들 딱 1년만 혼자서 잘 케어해 달라고 부탁했다. 그 안에 어떻게든 현재의 상황을 역전시키겠다고 말이다. 아내는 당신은 강한 사람이라면서 믿고 응원해 주었다. 언제나 지지해 주고 내 의견을 존중해 주는 아내의 말에, 정말 이 사람을 만난 것이야말로 내 인생의 가장 큰 행운이라는 생각이 들었다. 그리고 나 또한 아내에게 그런 남편이 되고 싶다는 생각을 하면서 마음을 굳혔다.

먼저 탕비실 안에 햇반과 종류별 컵라면, 그리고 냉장고에 김치, 장조림, 단무지를 넣어뒀다. 힘들어도 처음에는 별다른 탈출구가 없으니 즐기기로 작정했다. 지프, 지프, 지프, 지프, 집. 그래. 여기도 집이다. 집 같은 기분으로 지내보자고 생각했다. 사람들은 나에게 이렇게까지 해야겠냐고 물었다. 나에게 미친놈이다, 독사 같다, 독하다 등등 여러 수식어를 붙였지만 정작 당사자인 나는 괜찮았다. 난 단기로 1년 동안 지프 캠프에 왔다고 생각했기 때문이었다. 언제 이렇게 전시장 2층 소파에서 자보고, 이렇게 홀로 차려먹고, 화장실에서 호스로 씻고, 머리 감고 이런 경험을 살면서 얼마나 해보겠냐. 이렇게 사는 게 진짜 영화처럼 사는 남자 아니냐면서 지프에서 합숙하는 1년짜리 영화 찍는다고 생각했다.

전시장에서 자려고 누운 첫날밤 5평짜리 집과는 다른 깨끗하고 정갈한 천장을 보면서 아이들에게 미안한 마음이 들었다. 전시장이 쾌적하고 안온하게 느껴졌기 때문이었다. 여긴 바퀴벌레도 없고, 심지어 에어컨도 있었다. 내 것을 아껴본 사람은 남의 것도 함부로 못 쓴다. 먼저 에어컨을 켰다가 공기만 시원하게 만들어놓고 바로 끈 후, 소파에 누워서 자면 충분했다. 아내에게 오늘도 최선을 다하고 잔다고 인증 사진을 보내고 잠이 들었다. 그리고 3~4시간 후 새벽 5시면 항상 알람 없이도 일어났다.

혼자서 매 끼니를 간단히 해결하면서 불 꺼진 전시장에서 핀 조명에 의지한 채 밤이면 롤플레잉을 했다. 설명하는 내 모습을 촬영하고, 어색한 부분이 없는지 살펴보는 것이다. 아무도 없어서 혼자 큰소리로 연습하기 딱이었다. 매일 그렇게 설명하는 나를 스스로 분석했다.

"안녕하십니까? 고객님, 지금부터 설명드리겠습니다. 저희 레니 게이드로 말씀드리면……."

이런 식으로 내 표정이나, 느낌을 보려고 혼자 촬영을 해놓고 모니터링을 열 번 이상 반복했다. 사람이 있으면 창피하고 의식되겠지만, 아무도 없으니 한두 번 하다 보면 점점 자연스러워진다. 영상을 다시 보면 아, 내가 말이 빠르구나, 말끝을 계속 올리는구나, 제스처가 너무 빠르네. 등등 말하면서는 알지 못했던 많은 정보들을 눈으로 보고 수정할 수 있게 된다.

8번×20분씩 = 하루 160분. 이렇게 3달을 꾸준히 연습했다. 처음부터 이렇게 라디오 버튼 누르듯이 설명이 술술 나오지는 않았다. 처음엔 혀도 꼬이고, 몇 번씩 같은 말을 반복하기도 했다. 대본을 다시 보는 배우처럼 알던 대사가 떠오르지 않기도 했고, 헷갈리기도 했다. 그러다가 차츰 목소리도 또렷해지고 차에 대해서 자신 있게 말할 수 있었다. 고객과의 상담에는 NG가 없기 때문에 무조건 상담 스킬을 높여야 한다. 본인이 깨닫고 바꿔야 한 단계 더 업그레이드가 되고 NG가 안 난다. 생각만 하고 그냥 지나가는 거랑 분석하고 장단점을 적어보는 것은 큰 차이가 있다. 점점 고객이 매장에 오는 순간이 기다려졌다.

그 기간 동안에 가장 힘들었던 것은 바로 아이들의 굵직한 행사에 불참하는 일이었다. 그럴 때 나는 새벽에 일어나 씻고, 말끔한 모습으로 단장한 후 카메라를 켜놓고 영상을 녹화했다.

"아들, 오늘 유치원 졸업식이지? 아빠가 못 가는데 마음만은 같이 있고 싶어서 차려입었어. 아빠 넥타이랑 머리도 했어! 어때? 멋있지? 아빠가 조금만 더 노력하면, 우리 다 같이 살면서도 당당하게 멋있게 살 수 있어. 아빠가 오늘은 실제로 못 가지만, 네 뒤에서 항상 지켜주고, 사랑하고, 응원하고 있어. 알겠지? 우리 아들 파이팅! 오늘 잘할 수 있어. 사랑해."

마음에 들 때까지, 슬픈 모습이 제대로 감춰져 보이지 않을 때까지 찍고, 다시 찍었다. 최종본을 아내에게 보내주면, 아내가 아이에게 보여주었다. 아이들도 알고 있었다. 아빠가 지프에서 열심히 일한다는 거. 판매 1등이라는 거. 이윽고 아이에게 문자가 왔다.

[아빠, 힘내세요. 아빠, 사랑해요.]

그러면 나는 기분이 나아져서 큰 소리로 아싸! 한번 외치고, 확언을 하면서 다시 하루를 시작하곤 했다. 마음 깊이 언젠가는 아이들의 기쁜 자리에 빠짐없이 참석하겠노라 다짐하면서.

전시장에 오래 있으니 계약할 기회도 많았다. 유독 기억에 남는 일화가 있다. 크리스마스이브날이었다. 전시장에 밤 11시 넘어서 불 켜고 있으니까 방배동 사거리 앞에 지나가던 행인이 11시 넘어서 매장으로 들어왔다. 연륜이 있지만 단정한 이미지였는데 옅은 술 냄새가 났다.

👤 "자네는 크리스마스이브인데 아무도 없는 데서 뭐 하는 거야?"

"맞아요, 내일 크리스마스인데 어차피 여기서 잠들지만, 혹시 크리스마스 선물 같은 고객이 올지도 모르니까 대기하고 있어요."

"크리스마스 되기 2분 전인데 왜 가족들하고 있지 않고 이렇게까지 하는 거야?"

"먹여 살릴 가족이 있고, 갚아야 할 빚이 많습니다."

그는 주위를 두리번거리더니 갑자기 차 한 대를 계약하겠다고 했다. 내가 당황해서 술 많이 드셨다고, 명함 드릴 테니 제가 탄 커피 한 잔 아메리카노 드시고 내일 술 깨고 이야기하자고 만류했다.

"이 사람아 누구 술 취한 사람 취급해? 나 멀쩡하다고. 내가 취한 걸로 보여?"

"네. 조금요."

그는 호탕하게 웃으면서 완강하게 결제를 하겠다고 했고, 결국 계약을 했다. 마음이 편하지 않았다. 고객이 카드를 긁은 시간은 11시 59분이었다. 크리스마스 지나고 다음 날 대표님이 오더니 자정에 긁힌 거 뭐냐며 어리둥절해했다. 그날 우리 매장에 방문해 갑자기 계약을 하고 사라진 분은 근처에서 한의원을 운영하는 의사였다. 아내에게 선물해 줄 차를 고르던 중에 나를 만난 거라고 했다. 그는 나중에 그날 계약한 이유를 이야기했다. 그의 말을 요약하자면 한의원에서 개원 초기에 먹고 자며 힘들게 일했던 날이 있었고, 전시장에서 먹고 자는 내 모습을 보자 그 시절이 생각나서 무조건 나에게 차를 출고해주고 싶었다고 말했다. 우연히 만난 내 모습에서 과거의 자신을 보았다는 말이었다. 일시불로 100만 원 결제한 그 차량은 순단히 출고까지 되었다. 같은 과거를 경험한 사람은 상대방을 깊게 공감하고 도울 수 있다는 것을 배웠다.

이후로도 밤이나 이른 아침에도 계약을 종종 성사시켰다. 매일 새벽에는 일찍 일어나서 그날 출고할 차량 고객님께 드릴 자필 편지를 썼고, 밤에는 광택제를 사용하여 출고될 차량을 닦고 또 닦았다. 말로만 감사하고 싶지 않았다. 진심을 보여주고 싶었다.

나중에는 전시장에서 지낸 시간이 추억이 되어 유튜브에서 인간극장처럼 콘텐츠가 되었다. 평생이 아니라서 할 수 있었던 일이었다. 내가 살면서 언제 이렇게 재밌는 걸 해보겠나 하는 생각이 들자 정말 재미있는 일이 되었다. 이 세상은 우연 같은 인연이 많다. 나는 고객들에게 마지막에 꼭 아래의 인사를 건넨다.

—— ◆ ——

"고객님, 우연으로 만났지만 인연이 되어주셔서 감사드립니다."

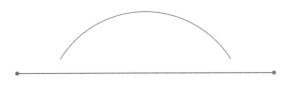

1년만 미쳐라

1년이라는 시간은 생각하기에 따라서 길다면 길고, 짧다면 짧다. 과거에 나는 가진 모든 것을 잃고 절망하던 시절이 있었다. 당시의 난 두 번 다시 평범한 삶으로 돌아갈 수가 없으며, 도저히 회복될 수가 없다고 여겼기 때문에 계속 이 굴레에서 사느니 차라리 죽고 싶다는 심경 속에서 헤맸다. 그런데 죽음의 문턱에서 살아서 스스로 약속했던 게 있다. 빚을 포함한 고통을 가족한테 남기지는 말자고. 딱 1년만, 딱 1년만 죽기 살기로 해서 안 되면 그때 그냥 다 포기하자고.

이후 내가 만일 1년 동안 죽기 살기로 했지만 안 되었더라면, 어쩌면 난 이 세상에 없었을지도 모른다. 진짜 시한부 인생은 아니었지만, 일에 전념한 그 1년이 내겐 시한부나 다름없는 인고의 시간이었다. 다른 선택지가 없었다. 내게 주어진 '지프'라는 동아줄이 아니면

삶의 끝자락에서 인생을 알았다

우리 네 식구는 먹고살 수가 없었다. 나는 자신을 더욱 단련하고 간절하게 만들어서 상황을 변화시켰다. 피나는 노력을 통해서 발렛 기사와 대리운전 아저씨에서 지프 판매왕이 될 때까지 1년 2개월이라는 시간이 걸렸다. 남들보다 더 빠른 시간에 더 높은 곳으로 올라가기 위해서 절실하게 일했다. 고객을 만나도 단 10분을 상담하건, 1시간을 상담하건, 3시간을 상담하건 나에게는 내일이 없고, 오늘이 마지막이라는 각오로 임했다.

고객이 전화를 걸어와서 '내일 아침 일찍 가야 하는데 몇 시에 가면 될지' 묻는다면 나는 망설임 없이 새벽 5시부터 언제든지 와도 된다고 답한다. 실제로 새벽 6시에 와서 계약서를 쓴 고객도 있고, 연예인이나 운동선수들은 본인의 스케줄을 빼기 힘들어서 자정에 방문해서 계약을 하기도 했다. 그럴 때마다 나는 스스로 내일이 없다고 생각했다. 오늘이 마지막날이니, 오늘 계약 못하면 내일도 계약 못한다고. 그래서 오늘, 지금 이 순간이 매우 소중했다. 내가 누군가를 만나서 상담하고, 계약할 수 있는 기회가 두 번 다시 돌아오지 않을 거라고 느껴졌다. 실제로도 다리 위에서 잘못된 생각을 했다면 이 보너스 같은 인생은 없었을 것 아니냐면서 마음을 다잡았다.

세상에서 가장 무섭고도 강한 게 사람의 의지다. 당장 내일 죽는다고 생각하면 지금 1분 1초 잠자는 시간조차 아깝다. 왜 내일이면 없다고 생각해야 하냐고 의문을 가질 수 있다. 대부분 아마 그런 생각 자체를 하지 않고, 평생 사는 사람처럼 살아갈 것이고, 나 역시도 그랬다. 그래서 한 가지 예시를 들어보려 한다.

▌예시) 내가 말기 암에 걸렸다고 가정해 보자. 의사가 나에게 말하길.
"준형 씨, 앞으로 딱 1년밖에 못 삽니다. 1년 뒤에는 이 세상에 없습니다."

이 얘기를 들을 때의 내가 정말 가난하고, 부모님에게 효도를 한 번도 해본 적이 없는 상황이라면, 나는 의사의 마지막 선고를 듣고 속으로 다짐한다. 내가 1년 뒤에 죽는다면 부모님께 집을 한 채 선물해 드리고 이 세상과 이별하겠다고.

자, 목표가 생겼다. 이 목표가 나의 뇌에 각인이 되고 가슴에 박히면, 나는 그 목표만을 생각하면서 누가 시키지 않더라도 미친 듯이 일할 수 있다. 사랑하는 부모님께 집 한 채 해주고 가야겠다는 동기 부여가 생겼기 때문에 행동과 간절함이 동시에 생기는 것이다. 이때부터는 주변에서 말려도 자가 동력으로 움직인다. 아무것도 보이지 않는다. 그 정도로 간절하게 시한부처럼 일한다면 이 세상에 성공하지 못하고, 부자가 되지 못할 사람은 없다. 죽기 살기로 1년만 해보자는 그 느낌, 그 감정을 꼭 느껴봤으면 좋겠다.
1년만 미쳐보자. 누가 뭐라든 신경 쓰지 말고 앞만 보고 1년만 정말 미치면, 그 이후에는 하고 싶은 것, 꿈꾸는 것, 마음먹은 것 뭐든지 다 바꿀 수 있다. 일정 궤도에 오른 후에 쉬어도 늦지 않다. 영업직인데 작년과 비슷한 목표에 안주한다면 그것은 도태된 것이나 마찬가지다. 나는 정말 영업에 미쳤기 때문에 열정을 가지고 치열하게 고민했다. 어떻게 하면 고객님의 마음을 사로잡을 수 있을까, 어떻게 하면 한 건이라도 더 계약할 수 있을까 1년 동안 미친 사람처럼 그것만을 생각했다. 당신도 당신이 원하는 분야에서 그럴 수 있다. 우리 인생을 넓게 봤을 때 1년은 그저 한순간이지만, 그 1년을 미침으로써 당신의 평생이 바뀔 수 있다는 것을 기억하길 바란다. 자신에게 당당할 만큼 힘껏 노력한 후에야 운을 탓할 수 있다. 세상을 원망하는 것은 그 이후에나 할 일이다.

전시장에 지내면서 뭐가 가장 힘들었냐고 묻는다. 사실 전시장에서 지내기로 한 것은 나의 선택이었고, 즐기자 했던 것이기에 극복할 수 있었지만, 가족을 매일 못 보는 건 정말 힘들었다. 주말에 시간을 쪼개서 보기는 했지만, 그것으로는 턱없이 부족했다. 그래도 평생 가난하고 힘들게 살 바에는 차라리 1년, 2년 이 악물고 참아서 평생 행복하게 살고 싶었다. 매일 보고 평생 가난하게 살 바에는, 군대도 다녀오는데 1~2년 죽었다고 생각하고, 내가 독하게 일해서 남은 평생은 아이들하고 보낼 수 있겠지 희망하면서 이 악물고 버텼다.

나는 타 유튜브 방송에 출연해서도 말했다. 지금은 시간적으로 가난하지만, 나중에 돈 많이 벌면 시간 부자가 되겠다고. 그때 내가 출고할 차를 열심히 닦으면서 미래에는 아내와 아이들과 여행 다니면서 살겠다고 말했는데, 그 모습에 다수의 시청자가 격려와 응원을 보냈다.

1년이란 시간이 완전히 드라마틱하게 모든 것을 바꿔놓지 않을지도 모른다. 그러나 마음가짐과 노력이 1년만 지속돼도 인생은 조금이나마 바뀔 수 있다고 확신한다. 대부분이 열정은 있지만, 작심 3일이다. 그들에게 권한다. 작심 3일을 이틀마다 연장하라고. 3일 되기 전에 또 계획을 짜길 반복하면 적어도 3일은 넘길 것이다. 지프 전시장에서 보낸 1년이란 시간이 지금은 가끔 그립다. 지나고 보면 낭만이고 추억이다. 평생 하라고 하면 당연히 눈물밖에 안 난다. 억울하고 분한데 딱 1년만 악착까지 하면 올해 판매왕이 돼서 영업계에서 돈을 제일 많이 벌 겁니다. 하고 누가 딱 정해줬다면 먹고 자면서도 행복했겠지만 사실 나도 불안했다. 그래서 더 미쳐서 열심히 했다. 나는 실제로 1년 후에 내가 원하는 만큼 이뤘다. 그리하여 내 인생은 그 1년 전후로 나뉘었다.

———— ◆ ————

주변에서 당신에게 무언가에 미쳤다고 한다면
당신은 성공한 인생이다.
한번 생각해 봤으면 좋겠다.
지금 당신의 시간은 어떻게 흐르고 있는지를.

삶의 끝자락에서 인생을 알았다

카준형이 새벽에
몰래 보는 영화는?

지프 전시장에서 숙식하며 일하던 때였다. 영업직으로 재기하면서 이전보다 훨씬 나은 근무 환경에서 말끔한 복장으로 근무하며, 영업은 당연한 나의 일상이 됐다.

　나는 우연한 계기로 가까운 지인에게 어려웠던 시절의 이야기를 했는데 그는 나의 사연을 듣더니 2007년 개봉한뒤, 2017년 재개봉한 영화인 〈행복을 찾아서〉가 떠오른다면서 꼭 보라고 추천했다. 평소에 나는 영업에만 집중하자는 생각으로 드라마, 영화, 넷플릭스, 유튜브까지 많은 시간이 소비되는 콘텐츠를 모두 끊고 앞만 보고 살았다. 그래서 추천받은 영화도 하루 모든 계획과 고객 응대 연습을 마친 새벽 4시에, 전시장 소파에 앉아서 유튜브로 20~30분짜리 요약본으로 봤다. 그리고 나는 뭔가에 홀린 듯이 바로 풀 버전을 구매했다.

미국의 전설적인 기업가 크리스 가드너의 실화를 바탕으로 만들어진 영화 〈행복을 찾아서〉는 윌스미스와 실제 윌스미스 아들이 연기했다. 그래서 더욱 리얼하게 연출되었다는 평을 받았다.

영화 속에서 크리스 가드너가 아들과 함께 화장실에서 공룡놀이를 하면서 하룻밤 보내는 장면이 있는데, 나는 특히 그 장면에서 과몰입되어 서럽게 울었다. 과거 어려운 시절에 추위를 피하고자 몸을 숨겼던 수세식 화장실의 온도와 감정이 되살아나면서 인물의 감정에 오버랩되고, 그 순간 나는 인물에게 진한 공감을 느꼈다. 문고리가 열릴까 봐 전전긍긍하던 기억이 떠오르면서 가슴이 한순간에 먹먹하게 차올랐다. 영화가 끝나고도 30분은 펑펑 울었다. 아무도 없는 곳에서 소리 내서 울자 가슴이 조금 후련해졌다. 다행히도 영화의 마지막은 해피엔딩이었다. '행복을 찾아서'가 제목인 영화 속 주인공들이 정말 행복을 찾은 것 같아서 영화를 보는 내가 다 행복했다. 동시에 그런 생각도 들었다. 나도 저 사람처럼 분명 해피엔딩으로 가야지, 내 엔딩은 내가 바꿔야지.

영화 속에서 농구를 좋아하는 아들 크리스토퍼에게 크리스가드너가 건네는 명대사가 있다.

🧑 크리스 가드너 : 누가 넌 할 수 없다고 하면 마음에 담아두지 마.
아빠가 그래도 말이야. 알았니?
🧑 크리스토퍼 : 알겠어요.

크리스 가드너 : 꿈이 있다면 지켜야 해. 사람들은 자기가 못하면 남도 못 한다고 말하거든. 하고 싶은 일이 있으면 끝까지 밀어붙여.

지금도 가끔 생각나면 유튜브에서 압축본을 찾아보는데 다시 봐도 여전히 감동이다. 크리스 가드너만큼은 아닐지라도 나 또한 이곳에 오기까지 겪고, 노력한 게 있으니, 볼 때마다 더 많은 부분이 공감이 되었다. 그럴 때마다 나는 '공감이라는 게 이렇게 무섭구나. 경험해 보고 안 해보고 차이가 이렇게 다르구나' 싶었다. 경험끼리 닿아 오열할 정도로 마음 깊이 공감이 되면 상대가 확 스며든다는 걸 배웠다. 이 영화를 통해서 나는 진정한 공감이라는 것은 이렇게 하는 것이라는 것도 깨달았다.

이후 나 역시 절실한 사람이 진심으로 조언을 구하면 나 또한 진심으로 조언해 주려고 애썼다. 이유는 딱 한 가지다. 아파 본 사람만이 아픈 사람의 마음을 알 수 있기 때문이다. 아파보지 않은 사람은 절대 모른다. 고통을 겪어보지 않으면 책으로 봤거나 이론상으로 이해하는 건 한계가 있다.

그 길을 아는 것과 그 길을 걷는 것은 다르다.

지도상으로 찾아보고 그 길 보고 안다고 말하는 것과, 실제로 가서 지형을 느끼며 걸어보는 것은 천지 차이다. 영화 이야기가 나온 김에 영화처럼 사는 남자를 소개하고 싶다. 내가 출연한 휴먼스토리 방송을 보고 나를 알게 되었다는 시청자가 연락을 해왔다. 나의 강의까지 찾아들었다는 그는 현재, 과거의 나와 비슷하게 어려운 시기를 겪고 있었다. 그는 실제로 광안 대교에서 뛰어내렸고, 구조되었다. 현재는 적지 않은 빚을 갚으며 살고 있다. 그는 나에게 삶의 조언을 구하고 싶다며 언제든지 나의 시간에 맞추겠다고 말했다. 이후 나는 그와 개별적으로 연락하면서 지냈다. 내가 대단한 사람은 아니지만, 그에게 희망이 될 수 있다면 어떤 조언이라도 해서 도움을 주고 싶었다. 그는 잘해 왔고, 잘하고 있고, 앞으로도 잘할 것이라고 격려했다. 얼마 전, 그가 내 팬미팅에 직접 오기로 했다. 그와 인연이 닿고부터 일주일에 한 번씩 짧게라도 전화 통화하면서 안부를 묻고 열심히 하라고 서로 응원해 왔다. 나도 그 친구와 통화하면 더 모범이 되게 살아야겠다는 생각을 한다. 연락 중에 내가 그 친구에게 '피해가 안 되면 아나운서가 사연 읽고 부르면 인터뷰 1분만 해줄 수 있는지' 물었더니 당연하다면서 좋아했다.

행사 당일이었다. 진행하던 아나운서가 '○○씨, 이 자리에 나와있다면, 손 들어주세요.' 하고 말했는데 객석은 조용했다. 그 친구는 연락도 받지 않았다. 나와 와주기로 약속도 했고, 아침에 분명히 출발했다고 문자까지 주고받았는데 왜 행사장엔 안 왔을까, 오려고 했는데 막상 인터뷰를 하려니 창피한가, 하고 오해를 했다. 그래도 그렇지 약속까지 해놓고 못 보니까, 보고 싶었는데 못 봤다는 아쉬움이

들었다. 그런데 행사가 끝나고 보니, 오는 길에 사고 나서 병원에 있다는 연락을 받았다. 미안함이 몰려왔다. 차도 많이 부서졌고, 그도 입원했다. 상상도 못 했다. 딱 행사하는 6월 6일 현충일 날 팬미팅장에 오다가 사고가 났다. 하늘이 질투하지 않고서야 이런 일이 생기나 싶었다. 그도 울먹울먹 하면서 자기가 또 기회를 놓쳤다고, 진짜 좋은 기회였는데 너무 아쉽다고 말하니 마음이 짠했다. 내가 말했다. 이 순간 역시 나중에 더 성공한 우리가 바라봤을 때 함께 경험한 소중한 에피소드가 될 거라고 말이다. 나는 그때를 상상한다. 그때는 얼마나 더 애틋하고 감동적일지를. 영화처럼 사는 그는 몰라보게 성공할 것이고, 나는 그 성공을 응원하면서 계속 지켜볼 것이다. 이번 일을 계기로 그의 앞날은 이제 좋은 일밖에 없을 것이라는 생각이 들었다.

여러 기업체나 단체 동기부여 강연에 초빙을 받을 때면 강연자료를 준비하면서 내 강연을 통해 많은 사람이 공감을 얻고 희망을 느끼면 좋겠다고 바란다. 나아가 주변에 희망을 잃어가는 누군가에게 쉼표를 찍고 다시 가볼 만한 인생이란 걸 느끼게 해 주면 좋겠다고 말이다. 그래서 나의 PPT에는 이제 단 한 개도 마침표도 없다. 모두 쉼표다. 끝이라고 규정짓고 마침표 찍는 게 싫었다. 나는 앞으로도 쉼표를 찍고, 더 전진하고 싶다. 그래서 내 강연을 듣는 이들에게도 마음속에 쉬어갈 쉼표 자리 하나씩 만들어 주고 싶다.

물론 타인을 향한 진정한 공감을 위해서 일부러 힘들고 괴로운 일을 겪으라는 것이 아니다. 또한 힘들고 괴로운 일이 있다고 해서 그일이 전부 진정한 공감의 원료가 되는 것도 아니다. 안 겪을 수 있다면 당연히 겪지 않는 것이 좋다. 내 독자들만큼은 괴로운 경험 없이도 성공할 수 있기를 바란다. 다만 그럼에도 현재 괴로운 상황에 처한 사람이 있을지도 모른다. 누구나 남들에게 말하지 못할 터널을 지나는 시기를 겪었거나 겪는 중일 수 있다. 그 외로운 길에 선 사람에게 꼭 말해주고 싶다.

"이번 한 번만 쉼표 찍고 넘기면 분명히 벗어날 수 있습니다. 힘내세요. 저도 그렇게 넘어왔습니다. 어두운 터널 끝에는 분명 또다른 출구가 있습니다. 조금만 더 같이 걸어봐요."

만일 지금 당신에게 아프고 힘든 일이 있다면, 부디 지금을 쉼표로 잘 넘기길 바라며, 쉼표로 넘겨 본 그 기억으로 언젠가 누군가를 진심으로 이해하고 보듬어 줄 수 있기를 바란다. 〈행복을 찾아서〉에서 크리스 가드너는 말한다. happiness의 철자는 y가 아니고 I라고.

———— ◆ ————

행복은 누군가 쥐어주는 것이 아니다.
나로부터 시작되는 것이다.

자기 합리화도
습관이다

"오늘은 이 정도 했으니까 됐어. 이 정도면 충분해."

많은 경우 사람은 자신을 스스로 합리화한다. 합리화는 본능적인 방어기제의 일종이지만, 자칫 습관이 되면 자신이 만들어 놓은 그 틀 안에서 벗어날 수가 없다. 그 정도에 만족한다고 미리 선을 그으면 정말 거기서 끝인 것이다.

"오늘 피곤한데, 내일 하지 뭐, 이 정도면 됐어. 비 오네. 눈 오는데 밖에 나가면 위험해."

추우면 춥고, 더우면 덥고, 모든 게 핑계다. 이렇게 핑계를 대다 보면 실제로 영업할 시간은 없다. 인간은 누구나 핑계를 대서 합리화를 하려고 한다. 대다수의 사람들이 자기가 자기 합리화를 하고 있다는 사실조차 인지하지 못한다. 오히려 낙관한다. 우연히 실적이라도 채우면, 이번 달 목표 달성했으니까 좀 쉬어야 한다며 몸을 사릴지도 모른다. 이런 생각으로 쉬면 어떻게 될까? 조금 어감이 강하지만, 실적은 곧바로 내려간다. 그런 유혹도 참고 절제하며, 꾸준히 노력할 수 있는 게 영업의 실력이다. 한번 합리화를 시키다 보면 그것도 습관이 되어서 점점 편한 것만 찾는다. 사람이란 본래 앉아 있으면 누워 있고 싶고, 누워 있으면 자고 싶다. 본능이 점점 편한 쪽으로 움직인다. 자기 합리화는 자신을 갉아먹는다.

지각하는 이유를 스스로 합리화하고, 일찍 퇴근하는 이유도 합리화하고, 점심 먹고 잠깐 폰으로 게임하는 이유마저도 스스로 합리화할 거리를 찾아두는 게 사람의 심리이다. 이렇게 자기 합리화하고 있는 동안에도 시간은 계속해서 흐른다. 상위권으로 올라갈수록 경쟁은 더욱 치열하다. 위에 있는 사람일수록 합리화를 하지 않는다. 누구보다도 더 열심히 하고, 더 많은 고객을 만들겠다며 악착같이 일한다. 자기 합리화는 스스로 인지하지 못하기 때문에 자기 합리화의 늪에 빠지면 늪에 빠진 줄도 모른 채 그냥 계속 추락하게 된다. 이 늪에서 스스로 깨닫고, 자력으로 빠져나오는 수밖에 없다.

지금 있는 그곳에서 스스로 타협하고 있지는 않은지 되돌아보라. 처음부터 뭐든 잘하는 사람은 없고, 처음부터 공부를 1등 하는 학생은 없으며, 태어날 때부터 당장 뛰어다니는 아이는 없다. 영업을 시작하자마자 연달아 계약하고 영업왕이 되는 사람도 없다. 나 역시도 그랬다. 처음에 생각만큼 잘 되지 않았을 때는 부정적인 생각에 휩싸였었고 뼈저린 실패를 맛봤다. 하지만 긍정이 깨지자 부정이 됐듯이, 부정이 깨지자 긍정이 됐다.

난 왜 이렇게 계약이 안 될까? 고민될 것이다. 맞다. 맞게 가고 있다. 안 되고 부딪히고 깨지고 하면서 부정의 마인드가 고민과 피드백을 통해 긍정으로 넘어간다. 부정의 마인드가 긍정의 마인드로 넘어가는 건 종이 한 장 차이다. 당장 안 될 수도 있지만 계속 실패하다 보면, 자기 스스로 깨려고 노력하게 되고, 계약이 되고, 결국에는 한 단계 더 도약한다.

부정의 마인드, 실패의 마인드에서 한 가지 명심할 게 있다. 절대 포기하면 안 된다. 포기하면 그냥 거기서 끝이다. 마침표를 찍으면 인생은 거기서 끝이듯. 단 3개월이든, 6개월이든, 1년이든 진짜 나 자신한테 정말 간절하고 절실하게 악착같이 해봤구나, 이 마음을 느낄 수 있고 해 볼 수 있으면, 내 인생은 실패하지 않았다고 말할 수가 있다. 부정의 경험을 긍정으로 넘기지 못하면 끝까지 부정으로 남는다. 거기서 끝을 맺을 이유가 없다.

그 순간에 쉼표를 찍고, 이것만 넘어가면 난 할 수 있고, 한 타임

쉬고 넘어가면 할 수 있다고 생각하면서 끊임없이 '쉼표'를 찍어보자. 이렇게 버티면 성공할 수 있다고 믿고, 계속 도전해야 한다. 긍정적으로 자꾸 생각하는 연습을 하는 것이다. 예를 들면 실패를 경험한 순간 머릿속으로 아래와 같은 정신승리 주문을 외운다.

'이번에 실패했기 때문에 난 또 성공하는 하나의 방법을 알았다. 그러니 이젠 언제든 성공할 기회가 찾아올 것이다.'

'실패를 거듭하다 긍정이 이루어지고, 결국 성공이 이루어진다. 실패는 성공으로 다가가는 열쇠다. 세상에 한 번의 실패도 없이 성공한 사람은 아무도 없다. 성공한 분들 역시 실패를 맛보았기 때문에 성공했을 때 기쁨이 2배, 3배, 4배, 10배 커진다고 했다. 나 역시 그럴 것이다.'

나도 그만큼 고통을 겪었고, 고통에 허우적거릴 땐 어디에도 기댈 곳이 없고, 벼랑 끝에 선 것처럼 하루하루 힘들었다. 그런데 그런 힘든 일을 겪었기 때문에 과거가 힘이 되어서 성공했을 때 그 열매가 훨씬 달았다. 작은 일에도 크게 감사를 느낄 수 있었다. 일하다 보면 고객에게 거절당하거나 해약으로 이어지는 등 여러 이유로 좌절할 수 있지만, 멀리서 봤을 때 우리의 인생은 길다. 넓게 보면 지금 아무리 커 보이는 사건도 단 하나의 점 밖에 안 된다. 나중에 성공해서 지금을 되돌아보면, 이런 시절이 있었는지조차 기억나지 않을지도 모른다.

　사람들은 가만히 앉아서, 문이 있는데 저 문만 열고 나가면 성공할 텐데, 왜 사람들이 문 열어주고 손뼉 치고 환영해 주지 않냐고 푸념한다. 내가 이렇게 능력이 되고, 준비가 돼 있는데 하고, 불만만 말하면서 하염없이 닫힌 문을 바라만 보고 있다. 바로 이것이 큰 착각이다. 남들은 다 각자 살기 바쁘다. 세상 사람들은 전혀 당신을 걱정해 주지 않는다. 본인이 무조건 부딪혀서 앞으로 나가야 원하는 바를 얻을 수 있다.

　왜냐하면, 그 문을 여는 마스터키는 웅그려 쥔 바로 그 손에 쥐어져 있기 때문이다. 스스로 마스터키가 되어 벽처럼 단단하게 닫힌 문을 열어보자. 달걀이 스스로 깨고 움트면 생명이 되지만, 타인에 의해 깨지면 요리밖에 되지 못하는 것처럼 스스로 세상의 벽을 허물고 나와야 다음의 삶이 펼쳐진다.

　내 안의 잠재된 부정의 마인드를 긍정으로 바꾸고, 학습된 무기력을 성공의 마인드로 바꿔보는 것 역시 나의 몫이다. 남들이 길을 먼저 내주지 않아서 못 가는 게 아니라, 애초에 내가 길이 없다고 단정하고, 걷기를 멈춘 것은 아닌지 되돌아보라.

　생각이 바뀌어야 환경이 바뀌고 비로소 모든 것이 바뀐다. 실패하면서 쌓은 많은 경험이 성공으로 가는 열쇠가 되고 지름길이 된다. 실패를 극복해 나가면서 실패가 성공이 됐기 때문에 결국엔 부정이 긍정으로 바뀐다. 그런 반복을 거듭하면 부정의 힘보다 긍정의 힘이 더 커지기 때문에 성공으로 향해 더 빨리 나갈 것이다. 실패한 밑거름이 쌓여서 성공의 열매를 맛본다면, 부정의 기운, 실패의 기운이 긍정의 마인드로 자연스럽게 바뀌는 걸 알 테니, 포기하지 말고 성공을 느낄 수 있도록 계속해서 긍정적으로 살면 좋겠다. 단순히 긍정적으로 살라는 말이 아니다.

———— ◆ ————

부정을 딛고 선 긍정만이 오래도록 부서지지 않는
단단한 긍정이라는 사실을 꼭 기억해 줬으면 좋겠다.

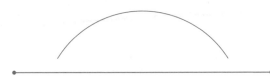

확언을 활용하자

당신은 확언의 힘을 믿는가? 앞서 언급한 바와 같이 나는 위기의 순간에 모든 걸 걸고 가난이라는 지옥에서 탈출했다. 그렇게 되는데 확언의 도움을 많이 받았다. 입사 후 그다음 달부터 전시장에서 머물면서 새벽 6시부터 거울을 보면서 1분~3분 확언을 무조건 했다. 머리 감고 나와서 드라이하면서 말하거나, 아니면 거울을 보고 넥타이 매면서 확언한다.

"나는 카준형이다. 나는 지금 가장 행복한 놀이터에 와 있다. 올해 가장 열심히 해서 내가 사랑하는 우리 와이프 지혜, 우리 아들들한테 가장 멋있는 남편, 가장 자랑스러운 아빠가 될 것이다. 이 회사 대표보다 많이 벌면 이 회사는 내 거다. 나는 반드시 판매왕이 될 것이고, 가장 높은 곳에서 내가 가장 사랑하는 사람들을 행복하게 해 줄 것이다. 난 할 수 있다. 무조건 할 수 있다. 난 이미 판매왕이 되었다. 아자! 아자! 카준형! 가즈아!!"

처음엔 나의 기합 소리에 놀란 경비원이 매장으로 올라오는 일도 있었다. 이 새벽에 갑자기 소리 질러서 미친 사람이 있는 줄 알았다고 말하기에, 나는 웃으면서 그에게 앞으로 매일 들을 거라고 답했다. 오전 6시 5분이 넘으면 미화 여사님들도 와서 업무를 하는데, 어느 날부터는 내가 확언하는 것을 기다렸다가 마지막에 같이 '아자 아자' 하고 외쳐 주신다. 그러면 나는 감사해서 커피믹스를 타드리고 이야기를 나누거나 인사를 하면서 하루를 기분 좋게 시작했다. 확언이 무서운 이유는 확언을 하면 진짜 내가 말한대로 될 것 같은 기분을 느끼게 된다.

내가 주로 거울을 보면서 외쳤던 확언을 모아 유튜브에 올렸다. 매일매일 나를 단련시켜 준 확언을 좋아해 주는 구독자도 많았고, 많은 사람이 변화의 댓글과 반복해서 출퇴근 길이나 자기 전에 청취하고 있다는 피드백을 주었다. 확언이라고 해서 유려하거나 긴 문장일 필요는 없다. 나를 일으킬 문장을 매일 거울을 보면서, 끊임없이 말하고 반복하면 된다. 무엇보다 내 목소리로 말하고 내 귀로 듣는 것이 중요하다.

간절함의 크기가 성공의 크기다. 나는 오늘 인생에 변명하지 않는 하루를 살겠다.

나는 세계 최고의 영업왕이다. 내가 바로 성공의 기준이다.

쪽팔림은 잠깐이지만, 부자의 행복은 영원하다. 성공을 위한 고통은 삼깐이지만 성공하지 못한 고통은 평생 간다. 내가 절실히 성공하고 싶은 만큼 내 열심의 역치를 올린다.

스스로의 한계를 깨고 부의 메커니즘을 알았을 때 나는 반드시 성공한다.

나는 오늘 어떤 포기해야 할 이유나 어떤 어려움을 만나도 인생에 변명하지 않으며 포기하지 않는다. 내일의 나에겐 오늘보다 큰 가능성이 있다.

나의 마음속에 뜨거운 열정이 타오른다. 달걀도 내가 깨면 병아리, 남이 깨면 프라이가 된다. 나는 오늘도 나 스스로 나의 세상을 깨고 새롭게 태어난다. 반복되는 운은 실력이고, 반복되는 실패는 습관이다. 어제의 나와 오늘의 내가 같다면 10년 후에 나도 같을 것이다.

성공의 최우선 조건은 자신을 이기는 것이다. 영업은 세상에서 가장 매력적인 직업이다. 나는 오늘 만나는 모든 사람을 진심으로 대한다. 긍정으로만 살기에도 인생은 너무 짧다. 나의 미래는 과거보다 무조건 나을 것이다. 나에게 인생 최고의 순간은 아직 오지 않았다.

지금까지 살아오고 버텨온 것만으로도 나는 충분히 멋진 사람이다. 힘들어도 포기하기엔 아직 이르다. 분명 나는 더 발전할 수 있고 더 변할 수 있다. 비겁한 변명보다는 독기를 품고 마음을 다잡는다. 지금은 어제 죽은 이가 그토록 바라던 내일이다. 내 인생은 1년 안에, 아니 6개월 안에도 바뀔 수 있다.

　나는 모든 일에 진심이다. 나는 할 수 있다. 내가 지금 어려운 이유는 오르막길을 걷고 있기 때문이다. 인생은 결말을 모르기 때문에 축복인 것이다. 이 순간만 버티면 좋은 날이 온다. 세상에 걱정 없고 힘들지 않은 사람은 없다. 인생에 쉼표 한 번 찍고 이겨낸다. 내 인생에 마침표는 절대 없다.

　이처럼 확언을 하다 보면 자연스럽게 기분이 좋아지고 마음이 정화되는 기분이 든다. 효과적인 확언을 만드는 방법은 따로 있다. 바로 가능성 있는 범위 내에서 이루기 어려운 확언을 만드는 것이다. 닿을 듯 닿지 않는 확언일수록 매력적이다. 반이 20명인데 20등 안에 들기 등, 쉬운 확언은 달성이 쉽기에 목표로서는 매력이 적고, 몇 십 억 부채가 있는 사람이 갑자기 '나 1년 안에 100억 부자가 되겠어.' 등의 다짐은 현실적으로 매우 멀다. 가까운 예를 들어 자동차 영업사원이 '나는 곧 로또 1등이 된다.'라는 확언보다는 '나는 곧 자동차 판매실적 1위가 된다.'라는 확언을 한다면, 내가 속한 자동차 분야에서 1등 해보겠다는 것이기 때문에 훨씬 더 가능성이 있다. 나는 확언을 실천해 왔고, 확언의 힘으로 변화했다. 확언은 여러 가지 동기부여 중에서 가장 빠르고 강력했다. 심지어 무료인데 안 할 이유가 없지 않은가. 매일 하는 것이 힘들다면 일주일에 한 번, 3분이 힘들다면 30~40초라도 꼭 해봤으면 좋겠다. 당신만의 확언을 만들어보라. 하루하루 쌓이면 나중에 엄청난 효과가 나타난다. 의식 중에서도 무의식 중에도 확언과 확신이 가슴에 박혀 있으면 인생이 달라진다. 바라기만 하고 실천하지 않으면 아무것도 달라지지 않는다는 것을 기억했으면 좋겠다. 스스로 자신을 믿고 달려가야 당신도 당신의 목표를 100% 이룰 수 있다.

—— ◆ ——

일단 시작하라. 아무것도 아닌 지금은 절대 없다.

셀프 대화법

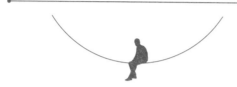

당신은 자신과 대화를 해본 적이 있는가? 영업사원은 종일 누군가와 끊임없이 대화를 한다. 매일 뭔가를 설명하고, 경청하고 공감한다. 고객과의 대화가 곧 실적으로 연결되고, 실적이 곧 목표이기 때문에 쉴새가 없다. 직업특성상 말을 많이 하다 보면 자연히 혼자 있을 때는 입이 아파서 말도 못 할 지경이 되고, 주변 사람들과 가벼운 안부를 나누는 일마저 인색해진다.

이런 와중에 나와의 대화라니, 대체 그런 것을 왜 해야 하는가 의문이 생길 것이다. 우리는 매일 새로운 일을 경험한다. 오늘 하루 일을 잘했건, 못했건 간에 '오늘'을 열심히 살아낸 나에게, 나라도 고생했다고 앞으로 더 잘해보자고 다독여 주는 시간이 필요하다. 아무리 바쁜 일과 중에도 나를 마주 보는 시간이 영업사원에게는 필수인 것이다. 처음에는 오글거리고 낯설 수도 있다. 하지만 아침의 확언과 저녁의 셀프 대화법이 습관이 되면 당신의 루틴이나 생활은 확실하게 변할 것이다. 확언은 알겠는데, 대체 나와 대화해서 뭐가 남느냐고 머릿속으로 셈을 할 수도 있다. 단언컨대 남는다. 이것만은 확실하다. 다만 그러기 위해서는 셀프 대화법을 효과적으로 진행해야 한다. 먼저는 자신을 효과적으로 되돌아보기 위한 시간을 고정적으로 확보해야 한다.

우선 거울 앞에 선다. 대부분 처음에는 거울을 볼 때 하루 동안 겪은 민망하거나 아쉬웠던 일들이 먼저 떠오를 것이다. 이는 자연스러운 것이다. 왜냐면 사람은 누구나 자신이 해결하지 못한 미완의 일이나, 실수한 일이 머릿속을 맴돌게 되어 있다. 실제로 심리학적으로는 미완성된 일을 계속 기억하거나 주위에 맴도는 현상을 일컬어 '자이가르닉 효과'라고 부른다. 그래서 자연스럽게 그 일을 해결하려는 내적 동기가 생겨난다. 셀프 대화법은 간단하다. 바로 거기서부터 시작하면 된다. 거울을 보면서 오늘 내가 아쉬웠던 일들을 앞으로 어떻게 개선해 나가면 좋을지 대화하고, 그럼에도 잘한 것은 무엇인지 이야기해 보는 것이다.

▌예시) 고객 시승 시 임팩트가 약해서 계약이 지연된 경우

🧑 "준형아, 오늘 고객 상담은 어땠니? 내가 볼 땐 오늘 조금 아쉬웠어. 아까 고객님 만날 때 시승하면서 뭔가 조금 더 임팩트를 줬

어야 했는데 뭔가 아쉬웠지? 맞아. 그 부분은 네가 내일 보완하면 돼. 하나씩 보완하면서 넌 최고가 되는 거야. 고생했어. 그래도 여전히 네가 사랑하는 아내, 너의 아들들, 가족들은 너를 자랑스러워해. 네가 그만큼 열심히 노력했고, 열심히 뛰어다녔기 때문이야. 네 인생은 네가 만드는 거야. 다시 옛날로 돌아가고 싶지 않을 정도로 지금 멋진 인생을 살고 있어. 네가 참 멋있고 참 대견스럽고 정말 멋지다. 오늘 하루도 고생했어. 파이팅."

이런 식으로 스스로를 위로도 하고, 조언도 하고, 사랑해 주는 시간인 것이다. 매 순간 변화하는 다양한 기분을 내가 어떻게 경험하는지 아는 건 중요하다. 사람은 누구나 매일을 살아가지만 매 순간 타인에게 100%의 공감과 위로를 받을 수 없다. 하지만 누구보다 고된 하루의 밀도를 잘 아는 사람은 나 자신이기에 나에게는 100%에 가까운 위로와 공감을 받을 수 있다. 이 시간을 통해 자신을 아껴주고 발전시키자.

하루에 한 번씩 하는 게 제일 좋다. 하지만 대부분 힘들어한다. 그러면 일주일에 한 번이라도 꼭 해봤으면 좋겠다. 이것도 힘들다고 하면 솔직히 거짓말이라고 생각한다. 1분 정도 양치질 하기 전에 거울 보면서 할 수도 있고, 여성분들 같은 경우는 자기 전에 화장을 지우거나, 클렌징하면서 거울 보고 할 수도 있고, 화장실 다녀오면서도 시간을 내려면 낼 수 있다. 도저히 안되면 차에서도 가능하다. 처음에 습관이 안 되면 시작하는 말을 포스트잇으로 붙여서 습관이 될 때까지 눈에 잘 보이는 곳에 붙여 놓는 것도 추천한다.

나는 슬럼프 빠졌을 때 특히 셀프 대화법의 도움을 많이 받았다. 슬럼프가 오면은 나는 좋아하는 음악인 Westlife 〈you raise me up〉이나 인순이 〈거위의 꿈〉을 틀어 놓고 거울하고 이렇게 대화한다.

> "준형아, 너 옛날로 돌아가서 다시 발레파킹하고 대리운전 할래? 그 힘든 반지하에서 애들은 울고 아내는 매일 힘들어하던 그 시절로 돌아갈래?"

그러면 아니, 절대 안 된다는 답이 바로 나온다. 나는 가슴의 흉터를 레이저로 지우지 않았다. 이 흉터를 보면서 정신을 차리며 졸음을 깼던 그때를 떠올리기 위해서다. 가슴 상처가 커지며 흉터는 어느 순간 켈로이드처럼 바뀌었다. 이건 나의 상처인 동시에 훈장이 되었다.

힘들다고 술 먹고 괴로워하면 하루 이틀만 망가지는 게 아니라, 일주일 이상 몸이 컨디션이 망가진다. 일은 지연되고, 피로는 행동이나 태도에 반영될 수밖에 없다. 술을 마시더라도 가볍게 한두 잔하고 끝내면 되는데, 다른 일도 그렇겠지만, 특히 영업직을 하다 보면 자존심에 스크래치 나는 일도 많고, 쌓인 스트레스를 풀 길이 없어서 축적되기가 쉽다. 사람은 괴로우면 평소보다 과음하기 쉽다. 나는 다른 방송이나 강연에서 이런 말을 한 적이 있다.

"샤워로는 몸을 씻지만, 눈물로는 마음을 씻는다."

실제로 유튜브에도 올린 셀프 대화하는 동영상이 있다. 다른 사람들에게 참고가 되었으면 해서 올렸는데, 촬영을 하다 보니 혼자서 할 때처럼 눈물이 나왔다. 후련하게 울면서 나 자신과 대화하면 실제로도 막막하기만 했던 일이 조금은 가볍게 느껴지면서 잘 풀리기도 한다. 나의 경우에는 힘든 시절에 볼펜으로 찔러가면서 생긴 가슴의 상처도 한 번씩 보면서 마음을 다잡는다. 쓸데없이 과음을 하거나 순간을 위해서 뒷일을 생각하지 않은 일시적인 처방은 아무런 효과가 없다. 이런 대화가 어색하고, 정 입에 말이 붙지 않아서 힘들면 기분을 전환할 다른 제안도 있다.

땀복을 입고 학교 운동장을 뛰든, 동네를 뛰든 뛰라고 권하고 싶다. 그 후에 찬물로 샤워하면 후련해질 것이다. 혼자인데도 거울을 보면 땀나고 의식되는 사람도 분명 있을지도 모른다. 그런 사람도 뛰는 것은 할 수 있지 않은가. 뛰는 것은 아무 생각을 안 해도 되고, 아무리 근심 걱정이 많더라도 뛰다 보면 힘들어서 많은 부분을 잊어버리게 되는 경향이 있다. 그러면 확실히 가슴 한구석이 후련해지는 경험을 할 것이다.

만일 말로 하거나 뛰는 게 힘들다면 글로 쓰는 법도 있다. 일기의

형식을 빌려도 좋고, 회고록이나, 나에게 쓰는 편지도 좋다. 형식에 구애받지 말고 하루 5줄에서 10줄 끄적이듯이 느낀 점이나 다짐을 적어보자. 얼굴을 보는 것도 아니고, 목소리도 들리지 않으며, 나만 보고 말 것이니 창피할 것도 없지 않은가. 글은 목소리를 내는 것보다 조금 더 쉽고 솔직해질 수도 있다. 부디 자신에게 맞는 방법으로 꼭 자신만을 위한 시간을 확보하길 바란다.

———— ◆ ————

내가 듣고 싶은 말은 누구보다 내가 잘 안다.
그런 자신에게 솔직해지는 시간이 바로 '셀프 대화 시간'이다.

3장

영업 실전 노하우

〈이미지 메이킹〉

첫 만남의 성공학
(첫인상)

사람과 사람이 처음 만나면 가장 먼저 상대의 표정과 자세, 말투에서 서로에 대한 정보를 얻는다. 그러니까 내가 오늘 아침에 무슨 일이 있었건 간에 내 개인적인 기분과 상관없이 —부부싸움을 하고 출근했을지언정— 상대방에게는 밝은 인상을 주어야 한다. 특히나 영업에서는 더욱 그렇다. 상대방 입장에선 내 개인사와 상관없이 나에 대한 정보를 얻는 첫 순간이기 때문이다.

초두 효과(Primacy Effect)는 첫인상이 이미지에 가장 큰 영향을 미친다는 심리이론이다. 인사를 아무리 잘해도, 용모가 화려해도, 말을 유려하게 하더라도 인상을 쓰고 있거나 인사와 미소가 장착되지 않으면 첫인상은 좋게 각인되지 못한다. 첫인상은 3초 만에 결정되지만 한번 각인된 첫인상의 편견을 깨도록 만드는 데는 상당한 시간이 필요하다.

지나가다 엄마 품에 안긴 아이를 본 적 있는가. 아이가 그저 웃기만 해도 보는 내가 따라 웃게 된다. 미소는 마치 거울 같아서 내가 웃고 있으면 고객도 같이 미소를 짓는다. 사람인데 어떻게 그렇게 맨날 웃고만 사냐고 누군가 물을 수도 있다. 나 역시 웃지 못할 일들을 많이 겪으면서 살아왔지만, 나까지 울상을 하고 있을 수는 없었다. 앞서 언급한 바와 같이 발렛 시절엔 한 평짜리 주차 부스에서 쪽거울을 들고 대기하는 동안 웃는 연습을 했다. 웃는 연습이 그렇게 품이 드는 일도 아니고, 손해 보는 것은 더더욱 아니다. 하지만 우리나라 사람들은 미소에 인색하다. 결혼식장에서도 사진을 찍을 때면 나는 항상 '저기 신랑 옆에 저분처럼 좀 웃어보세요.'의 저분이 된다. 이게 마인드컨트롤 면에서도 중요하다. 미소는 나의 트레이드 마크가 되었다. 웃는 연습을 하면서 마음속으로 힘들 때 웃는 게 일류라고, 내가 웃고 있는 동안은 일류가 될 수 있다고 생각하면, 아무리 답답한 상황에서도 조금은 나아지는 기분이 들곤 했다. 웃는 것도 연습할수록 늘었다.

웃는 얼굴은 삶을 밝은 쪽으로 이끌어, 고객과 대면의 순간 말없이도 당신을 표현하는 수단이 된다. 솔직하게 말해서 나도 원래 잘 웃지 않았다. 하지만 웃다 보니 사람도 끌리고 상황도 좋아졌다. 항상 웃다 보면 자동으로 미소가 탑재된다. 현재 나의 웃음은 연습의 결정체인 것이다. 일상에서 거울을 볼 때만이라도 웃는 연습을 해서 내 머릿속에 웃고 있는 내 모습을 시각화해 줄 필요가 있다. 하도 웃다 보니까 자동으로 웃는 모습이 된다. 내가 맞이하는 고객이나, 내가 만나는 지인, 내 사람들인 가족 앞에서 나는 밝은 기운을 전파하는 사람이다. 굳은 표정이나 어두운 표정은 상대방과의 거리감을 주니, 웃으면 일단 호감이라는 큰 무기를 얻고 시작하는 것이다. 이는 영업에는 절대적인 스킬이기도 하고, 사람 간의 관계를 확 당겨준다. 영업할 때 웃는 얼굴은 선택이 아니라 필수다.

이외에도 첫인상을 좋게 만드는 방법으로는 프로필 사진과 배경사진을 잘 설정해 두는 것도 중요하다. 고객과 대면 전에 카톡이나 인스타로 문의를 하는 경우도 있기 때문에, 문자 매너나 내가 선별하여 올려놓은 프로필 사진 또한 고객에게 나보다 나를 먼저 보여주는 첫인상 정보가 될 수가 있다. 프로필만 봐도 직업과 전문성, 이미지, 삶의 가치 등등 많은 정보를 간접적으로 노출할 수 있다. 영업인의 프로필 사진엔 개인적인 셀카나 이런 사진들보다는 수상 내역, 경력 명함, 내 브랜드의 제품 등등 전략적으로 노출시키는 게 인스타피드나 카톡 사진에서는 훨씬 더 효과적으로 작용할 것이다. 살짝 팁을 얹자면 가정이 있으면 화목하게 찍은 가족사진, 그리고 아직 결혼 안 했다면 남동생이든 부모님이든 화목하게 찍은 가족사진이 있으면, 이미지상 '가정적이고, 화목해 보이는데 설마 사기를 치겠어? 나를 속이겠어?', 하는 생각을 가지게 된다. 혼자 찍은 사진 같은 경우는 개인 인스타는 괜찮은데 영업적으로 이용하는 데는 마이너스다. 처음 만났을 때도 당신의 웃는 얼굴과 밝은 미소가 첫인상

111
삶의 끝자락에서 인생을 알았다

을 결정하듯이, 카카오톡 프로필 사진도 이렇게 힘주고 찍거나 무게감 있게 폼 잡고 찍는 것보다는, 활짝 웃으면서 밝은 모습으로 찍은 사진들이 좋다. 당신의 행복한 에너지라든지 기운이 전달되기 때문에 처음 보는 사람이 딱 봤을 때, 이 사람 미소가 좋네, 첫인상 좋네, 하는 느낌이 분명히 올 것이다.

또한 문자 메시지는 최대한 공손하고 예의 바르게 작성하고, 자신의 명함도 같이 넣어서 보내는 건 기본 중에 기본이다. 인스타에서는 당신을 마음껏 PR 할 수 있다. 정보 수상 내역뿐 아니라, 카톡보다 훨씬 더 많은 정보를 자연스럽게 넣을 수 있기 때문에 자신 있게 PR 하는데 활용하면 좋겠다.

마지막으로 고객과 만나기 전 중요한 것 중 하나는 기본적인 자기 용모 관리를 하는 것이다. 영업사원에게는 외면과 내면 중에 고르라고 하면 솔직하게 말해서 외면이 조금 더 중요하다. 단정한 용모는 물론이고, 성실한 자세나 차분한 목소리, 태도 등등이 그 뒤를 따른다. 최소 보이는 이미지가 단정하고 깨끗한 느낌이 와야 최소한 기준점에서 시작이다. 될 수 있으면 영업할 때는 깔끔하고 단정하며 튀지 않는 게 좋다. 복장도 알라딘 구두를 신거나, 징이 박혔거나, 문신이 있거나, 두꺼운 체인 금팔찌, 금목걸이 등 과도한 액세서리나, 튀는 염색은 지양해야 한다. 또한 과하게 뿌린 향수는 상대의 얼굴을 찌푸리게 만든다. 뭐든 지나치면 좋지 않다. 영업직원은 보편적이고 호불호가 없는 것이 1순위다. 의류 역시 명품이 아닌 단정한 게 좋다. 고객을 만나는데 후줄근한 양복에 더러운 구두, 긴 손톱이나, 손톱에 때가 있다면 상담 중에 안보일 수가 없다. 나는 양복도 주로 이마트나 구로 마리오 아웃렛 같은 곳에서 가장 단정하고 무난한 것으로 선택했다. 본인이 어떻게 메이킹해서 그 미소 상황 태도 등 어떻게 연출하는지에 따라 고객이 느끼는 건 정말 다르다. 사람이 멋있으면 옷도 비싸게 본다. 일단 영업할 때 호감도가 가면 모든 게 다 좋아 보이는 그런 플래시보 효과를 얻는 것이다.

앞서 말한 모든 것이 다 중요한 덕목이지만 특히 나는 태도 부분을 더욱 강조하고 싶다. 태도라는 것은 자본력을 투자하거나 흉내를 낸다고 해서 단시간에 교정되는 부분이 아니기 때문이다. 하지만 꾸준히 연습하면 분명히 변화한다. 무엇보다 중요한 것은 본인이 깨달아야 한다. 자기만의 버릇이나 습관이 있다. 매장에 사투리 쓰는 직원이 있어서 내가 그 직원에게 사투리가 심하다고 말하니

🧑 "팀장님 저 사투리 안 쓰는 디요."

하는 대답이 돌아왔다. 그래서 찍어서 보여줬다. 그 친구는 그제야 자기가 사투리 쓰는 것을 시인한다. 또한 짝다리 짚거나 손을 뒤로 감추는 습관등 역시 마찬가지다. 본인은 전혀 문제로 느끼지 못할 가능성이 높다. 사투리가 심하다 그러면 본인이 노력으로 고칠

수가 있다. 간혹 사투리를 정겹다고 좋게 보는 경우도 있다. 한데 그것을 자기만의 장점으로 승화시키지 못하면 호불호가 나뉠 수 있으니 보편적인 게 제일 좋다. 그러니 도저히 못 고치겠다면 그 부분을 호감으로 이끌 수 있도록 좀 더 친근하게 느껴지도록 노력하고 연습해야 된다. 영업사원에게 내면만큼이나 외면도 중요하다고 강조한 이유는 외면의 판단으로 인해 잘 가꿔온 내면을 보여줄 기회도 얻지 못할 수도 있다는 것을 꼭 명심하길 바란다.

———— ◆ ————

내가 미소를 연습한 것도 인생의 가장 힘들 때였다.
힘들지 않은 사람은 없지만, 힘들 때 노력하는 사람은 있다.

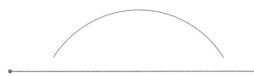

효과적인 전화 tip은?
(전화로 남기는 이미지)

콜포비아(전화+공포증)라는 말이 생겨날 만큼 요즘 사람들은 전화보다는 문자, 문자보다는 모바일 메신저나 이메일로 소통하는 것이 익숙한 시대다. 하지만 여전히 대다수는 전화의 신속성과 편리함을 찾는다. 그러나 요즘 들어 점점 전화를 걸거나 받는 것에 대해서 소홀하거나 무신경한 영업사원들이 늘어간다. 세대 여하를 불문하고 그런 직원들을 볼 때 안타까운 마음이 든다. 자신의 영업 인생에 한계를 그어두는 것이나 마찬가지기 때문이다. 전화를 적극적으로 활용하면 효과적인 영업(고객 유치) 및 고객 관리를 할 수 있다. 내 휴대전화에는 8,348개의 연락처가 있다. 이것도 주기적으로 업데이트해서 지울 것 지우고 남은 중복 없는 연락처이다. 이들 모두에게 문자를 보내야 하는 때도 있고, 연락이 오면 누구인지 빠르게 확인하여 재계약을 하거나 안부를 묻고, 도움을 주고받을 수도 있다.

영업인은 고객 관리가 중요하다. 나에게 출고한 고객이 늘수록 혼동하지 않게 더욱 심혈을 기울여야 할 것이다. 한두 사람도 아니니 더욱 철저하게 상대를 파악할 수 있도록 규칙을 정하여 정리를 해 둬야 한다. 자세한 설명에 앞서 나에게 출고한 고객에게 출고한 지 3년 만에 갑자기 전화가 왔다고 가정해 보겠다.

🧑 자네 잘 있었나?

🧑 예, 잘 지냈습니다.

🧑 내가 이번에 차 팔려고 하는데 알아봐 줄 수 있나?

🧑 아니 고객님! 3년밖에 안 타셨는데 벌써 파신다고요?

🧑 아니 그걸 어떻게 알았어? 내가 뽑은 날까지 기억하고 있어?

🧑 당연하죠. 저는 카준형입니다.

만일 고객님을 더욱 놀라게 해 주려면 정확하게 뽑은 날짜를 말해도 되지만, 고객은 이미 자신에 대해서 어제 일처럼 기억하는 영업사원에게 감동과 신뢰를 느끼고, 맡기려던 일을 진행시키게 된다. 이 모든 게 가능한 이유는 전부 휴대전화 덕분이었다.

연락처 메모란에는 출고날과 출고된 차량, 고객님의 나이, 지역, 성향과 관심사 등을 키워드처럼 적어 놓는다. 그래서 전화를 이어폰으로 받게 되었을 때 손으로는 수신인을 검색하여 고객에 대한 정보를 한눈에 확인하고, 고객에게 즉각적으로 필요할만한 도움을 줄 수 있다. 이렇게 연락처와 이름을 고객에 대한 정보가 추가될 때마다 업데이트한다. 1년 전만 해도 아마 대부분 자신이 출고한 차량에 대한 정보는 서서히 희미해질 것이다. 고객이 늘어나면 늘어날수록 지나간 것까지 기억하기 벅차게 느낄 수도 있다. 하지만 메모해 두면 잊어서 생기는 실수를 줄일 수 있다. 사실 나 또한 예전에 실수한 적이 있었다. 나는 토요일에 초등학교 운동장에서 아이들과 공을 차며 운동하는 중이었고, 나에게 전화를 건 사람은 6개월 전에 판매했던 고객분이었다.

네. 고객님 안녕하세요.

준형 씨 잘 지냈어?

아이고 잘 지냈습니다.

내가 지금 차를 팔려고 하는데 어디 팔아줄 수 있어?

한 3년 타셨나요? 오래 타셨죠?

무슨 소리야? 나 6개월 전에 뽑았잖아. 자네한테.

죄송합니다.

아니 이 사람아. 6개월 전에 뽑았는데도 기억을 못 해?

죄송합니다. 제가 제가 착각했나 봐요.

고객은 한동안 섭섭함에 말이 없었다. 나는 차를 판다는 말만으로 최소 3~4년은 탔을 거라고 예상하고 질문했는데 이미 고객은 서운해했다. 이후 나는 한동안 연락처 앞에 출고일을 적어 놓는 습관이 생겼다. 출고일을 적어놓으면 중고차 판매나, 보험만기 여부. 아니면 재구매 가능성 등등을 바로 알 수 있다. 한 번씩 연락처를 쭉 보면서 보험 만기가 돌아오기 한 달 전부터 고객님한테 안부 전화나 문자를 돌리는 것도 방법이다.

> 🧑 고객님 차 잘 타고 계시죠? 이제 다음 달이면 1년이 되십니다. 그때 보험도 제가 가입시켜 드렸는데 보험 만기일이 돼서 다시 전화드렸고요. 안전하게 운전하시려면 미리 사전에 보험을 한번 뽑아보시는 게 좋습니다.

이 작은 행동 하나만으로도 고객님은 감동해서 타인을 소개해주거나, 내게 도움을 구하거나, 다른 방식으로 계속 유대를 이어나갈 수 있다. 쉽게 찾으려면 주소록 검색 기능을 활용하면 유용하다. 지역 별로도 검색할 수 있기 때문에 지역명을 두 글자로 넣어두면 해당지역 출고 가는 길에 인사차 들릴 수도 있고, 출고 겸 방문 예정이라면서 안부 연락을 할 수도 있다. 이렇게 하려면 주기적인 연락처 정리도 중요하다. 번호 등록도 정확히 입력해야 하고, 연락처에 따른 고객 정보도 기록을 잘해둬야 한다. 동명이인이 있을 수 있고, 업데이트된 정보를 체크하여 수시로 정보를 확인해야 고객별 맞춤 관리가 가능하다. 동명이인이 많아 오랜만에 걸려온 전화에 이름만 보고는 그 사람을 기억하기 어려운 경우도 있으니 개별적인 메모 기록은 필수다. (ex: 가. 2024.01.01.(출고일) 랭글러, 김준형 씨, 서울, 판매왕, 동기부여 강연전문가, 카준형.) 이 사람에게 전화가 왔다면 안부차, 판매는 잘 되는지, 강연은 요즘 어디로 많이 다니는지, 랭글러 타고 캠핑은 다녀왔는지 등등 메모를 참고하여 자연스레 물어볼 수 있다. 사람은 누구나 자신을 기억해 주면 고마운 마음이 생긴다.

이처럼 유용한 전화도 잘 사용하면 약이고 잘 못 사용하면 독이 된다. 앞서 말한 콜포비아 족의 일부는 전화 트라우마로 인해 점점 전화하는 경험 자체를 기피하게 되었을 확률이 높다. 그렇다면 본격적으로 영업사원의 효과적인 전화 팁은 무엇일까?

1. 고객의 번호를 저장하면서 연락처에 메모를 함께 기억해라.
2. 평소 받는 목소리 톤보다 두 톤 정도 높여 밝은 목소리로 전화를 걸고, 받아라.
3. 전화해야 하는 상황이라면 고객별 상황을 고려하여 전화 시간대를 결정하라.
4. 전화를 받으면 어디에 누구인지 소속과 이름, 그리고 간단한 용건을 먼저 밝혀라.

그렇다면 반대로 고객과의 전화 시 주의할 사항도 당연히 있다. 먼저 전화하기 전에 고객에 대한 정보를 충분히 숙지해야 한다. 만일에 고객의 정보를 잘못 알고 전화한다면 상대방은 기분이 상한다. 또한 고객의 특수성 (상중이거나, 회의 중이거나, 바쁘거나, 이동 중이거나)

을 고려하지 않고, 영업 멘트부터 날리는 목적성 전화를 건다면 고객은 거부 반응을 일으킬 것이다. 나의 경우에는 시간대별로 나눠서 공략한다. 예를 들어서 주부님이면 애들 등하교 시간은 피해서 전화한다 그러면 보통 10시 좀 넘어서야 마음이 편하게 통화가 가능하다. 직장인의 경우에는 점심시간 바로 직전이나 점심시간 끝난 뒤인 1시 이후에 조금 여유 있을 때 전화 했다. 오전 일찍은 정신없고, 회의하고 바쁠 테니 나름 시간대를 배려하는 것이다.

마지막으로 유의할 점은 전화한 목적에 대해서는 짧고 간결하게 요지만 말하고, 상대가 불편할만한 사적인 질문을 피하고 조심해야 한다. 관심이랍시고 불쾌함이나 불편감을 준다면 의도와는 별개로 계약대상을 잃는 것이나 다름없는 결과를 초래한다.

그리고 당연하게도 내 컨디션이 안 좋을 때는 무리해서 전화를 걸지 않도록 한다. 감정 컨트롤이 안 되거나, 우울한 목소리가 나오거나, 기침이 섞여 주요 논점을 전달하지도 못하고 상대방에게 안 좋은 이미지만 남길 수도 있다. 전화는 비대면이지만, 사람의 음성에는 그 사람의 감정을 읽게 하는 힘이 있다.

— ◆ —

사람의 많은 정보가 담긴 목소리에 진정성을 실어서
원활한 소통의 도구로 활용한다면
영업의 강력한 무기가 될 것이다.

시간을 확보하라
(신뢰감을 주는 이미지)

세상이 불평등하다고 해도 시간만큼은 모두에게 공평하다. 다만 누군가는 그 시간을 잘 활용하여 신뢰를 얻고, 누군가는 시간 때문에 신뢰를 잃는다. 또한 주어진 시간을 자신이 주도하며 잘 통제하는 사람이 있는가 하면, 시간에 쫓기며 사는 사람도 있다. 그렇다면 진정한 영업 고수는 시간을 어떻게 관리하고 확보할까?

먼저 영업사원은 고객에게 시간을 통제하는 이미지를 구축할 수 있어야 한다. 고객들 역시 각자 나름대로 직업의 특수성이 존재한다. 그들의 상황은 고정이 아니다. 고객과 미리 계약 시간을 정해두었다면 시간 엄수는 필수이고, 당연히 먼저 사전에 고객과의 미팅 준비를 끝내놓아야 한다. 고객은 영업사원을 보고 계약을 하는 것이기 때문에 계약을 하는 순간까지도 내가 이 사람을 믿어도 될지 말지를 고민한다. 하지만 시간 약속을 잘 지키고, 미리 준비되어 있는 서류와 영업사원의 안정된 자세를 보면 저절로 신뢰감이 쌓인다. 대체로 시간 약속 잘 지키는 사람을 보통 다른 약속도 잘 지킨다면서 흔쾌히 서명을 해준다.

또한 약속한 고객이 늦는다고 허송 시간을 보내면 안 된다. 그 여분 시간에 제품 공부를 하거나, 질문을 준비하면서 상담의 질을 높일 수 있다. 간혹 시간은 지켜야 하니 사무실에 일찍 오긴 하는데, 도착해서는 고객이 오기 전에 할 게 없고, 심심하다며 게임을 하는 친구들이 있다. 그런 모습을 고객에게 보이기라도 한다면 큰일이다. 시간만 어기지 않는다고 해서 전부가 아니다. 고객이 처음 들어와 자신과 약속한 영업사원을 찾을 때에 영업사원이 무엇을 하고 있는지까지도 고객이 느끼는 영업사원의 이미지라는 것을 잊지 말았으면 좋겠다.

영업 고수는 스케줄을 효율적으로 관리할 수 있어야 한다. 계획한 일을 겹치지 않게 잘 기록하고, 일정에 맞춰 행동해야 한다. 일정은 급한 것과 중요한 것을 잘 구분해서 표시해두어야 하며, 잊지 않도록 알람을 맞춰 두거나, 색을 칠해 두는 식으로 크로스 체크할 수 있는 방법을 마련해 두는 것이 좋다. 여기에 추가적인 팁을 주자면 약간의 바쁜 척이 가미되면 좋다. 고객에게 아무 때나 오라고 하는 직원보다 상담 끝나고 스케줄 보고 바로 전화드리겠다는 직원이 프로처럼 보이지 않는가? 설령 상담 중이 아니라고 하더라도 항상 바쁜 척을 해야 한다. 어떤 고객이든 마찬가지다. 심지어 지인이나 가족, 친척이라고 해도 예외 없이 바쁜 모습을 연출해야 한다. 사람은 누구나 바쁜 사람한테 계약하고 싶어 한다. 일이 없어 보이면 저 친구는 일을 못하거나, 아니면 뭔가 부족해서 저렇게 일이 없고 한가한가 하는 생각이 저절로 든다.

프로는 정말 바쁘다. 쉴 틈 없이 뛰어다니고, 챙겨야 할 서류가 많아서 저절로 바쁘다. 그래서 대부분의 사람은 '바쁘더라도 일 잘하는 사람'에게 계약하고 싶은 경향이 있다. 역으로 생각해 보라. 바쁜 사람하고 약속을 잡으면 고객이 피치 못하게 취소하더라도 미안한 감정이 생긴다. 이렇게 바쁜 사람인데 내가 약속을 취소했으니까 다음번에는 꼭 약속을 지키겠다는 미안한 마음이 자란다. 그 미안한 마음은 다음 만남에서 영업직원에게 더 유리한 입지를 선물할지도 모른다.

한데, 한가한 사람은 '자네 나 아니면 만날 사람도 없잖아. 뭐 오늘 못 만나면 아무 때나 만나면 되지'가 쉽다. 이렇게 되면 '아무 때나'라는 불 확실한 요인이 생겨서 약속 잡기가 훨씬 더 어려워진다. 또한 당신이 한가한 사람으로 보일수록 약속이 취소될 확률은 훨씬 더 높아진다. 게다가 취소를 하고도 미안해하지 않는 경우도 발생한다. 그러니 솔직하게 말해서 일이 없더라도 영업에 도움이 될 뭔가를 찾아서 하면서 바쁜 척, 일 잘하는 척, 이런 이미지 메이킹을 잘해야 프로처럼 보인다.

나는 재입사 후에 남들이 8시간 일할 때 16시간 일 했다고 어느 인터뷰에서 답했지만, 실제로는 20시간 가까이 일했다. 3~4시간 자는 시간 빼고는 영업만 생각했다. 왜냐하면 나는 절실했고, 방법이 없었다. 마흔이 넘은 나이에 젊은 친구들을 이길 방법이 없으니 시간이라도 갈아 넣었다. 중요한 것은 평생이 아니니까 가능한 일이었다는 것이다. 딱 1년 2년 정해진 시간만큼이니까, 그 기간을 게임처럼 생각하니 오히려 재밌었다. 전시장에서 아침에 알람이 울리기 전에 일어나거나 알람이 울리면 진짜 2~3초 안에 벌떡 일어났다. 사람이 경제적으로 열악하고, 의지가 생기면 시간도 아깝다. 당시 내겐 빨리 돈 벌고 빚 갚고 행복하게 살아야 한다는 생각이 지배적이었다. 그게 원동력이 되어 시간이 더 금으로 보였다.

언제나 말하지만, 성공하기 위해서 당신이 경제적으로 어려워지고, 힘든 일을 겪길 바란다면 내가 나쁜 사람이다. 결코 그런 뜻이 아니다. 단지 의지력의 구심점이 되어줄 '결핍'이나 '꿈'이 없다면 의무로라도 만들어야 한다고 말하는 것이다. 당장 여유도 있고, 의지력이 생기지 않는 상태라면 마음속으로 마이너스 통장을 만들어보는 것을 추천한다. 한 1천만 원 마이너스 통장이 있고, 내가 이 시간 동안에 해당 분야의 뭔가를 하면 조금씩(그것도 정한 기준만큼) 차감되

124

는 식으로 시스템을 만들어서 기록하다 보면 0을 만들고 싶은 의지에 동기부여가 될 것이다. 반대로 플러스 통장(동기부여 설정기법)을 상상해 보는 것도 좋다. 이 시기를 잘 버티면 누군가 나에게 특정기간 후에 확실한 보상을 줄 것이라고 믿는 것이다.

예를 들어 어떤 배우나 어떤 예능인에게 올해 1년만 잘하면 연애 대상은 100% 당신 거라고 약속하면 정말 미친 듯이 최선을 다해서 연기할 것이다. 지금 당장은 힘든데 내가 왜 해야 돼? 이럴 수가 있는데, 갑자기 PD나 누가 귓속말로 '너무 힘들고 괴롭겠지만, 올해만 잘 찍어봐. 연예 대상 100% 줄게.' 이렇게 보상을 확정을 해준다면 감사합니다. 하고 앞만 보고 미친 듯이 할 것이다. 반대로 그 보상이 없을 경우에는 의욕도 없고 하고 싶은 마음이 안 생긴다. 그러니 내가 원하는 것을 보상으로 설정해 놓고 믿고 가보는 것이다.

같은 예로 누군가 다이어트 성공하면 200만 원 준다거나 올해 1년 열심히 일하면 당신한테 10억을 주겠다고 하면, 인형 눈알 붙이는 작업을 하더라도 미친 듯이 할 것이다. 시간당 개수, 속도 등 일하는 능률 자체가 달라질 것이고, 행복해서 자다 깨길 반복하면서 감사하게 일할 것이다. 불가능한 얘기가 아니다. 나는 실제로 재입사 후에 지프 전시장에서 숙식하며 영업에 올인한 결과 10억이란 빚을 갚았으니까. 결과적으로는 1년 2개월 열심히 하면 10억 줄게, 라는 가상의 동기부여가 이루어진 것이나 다름없다. 동기부여 설정기법은 내게는 상당히 효과가 컸다.

　사람은 신기하게도 조금의 동기부여만 생겨도 의지가 확 살아날 수 있다. 누군가와 내기를 하면 더 그것을 실천할 확률이 높아지는 원리와 비슷하다. 시간은 금이다. 시간의 누적이 많은 것을 이룩한다는 것은 누구나 알고 있다. 그렇지만 그것을 체감하는 일은 쉽지 않다. 하지만 공책을 하나 만들어서 마이너스 얼마를 (예를 들어 천만 원) 적어두고 그것을 만회하려는 기록을 작성하다 보면 차감되는 만큼 쌓이는 가치를 분명히 발견할 수 있을 것이다. 남들에게 말하지 못할 자신의 결핍이 있다면 그것을 긍정적인 방향으로 돌리기 위해 시간을 쓰면 될 것이고, 나중에는 가짜 마이너스 통장 없이도 시간을 효율적으로 관리하는 능력이 지속될 테니 의지가 생기지 않는다는 분들께는 습관형성 용도로 이 방법을 추천한다.

　나는 여러 가지 일들로 바쁜 나날을 보내면서도 새벽이면 아들들과 함께 축구를 한다. 첫째는 4시 반에 깨서 기다린다. 새벽 5시 반에 딱 출발해서 15분 정도 가면 잔디구장이 있다. 돈이 많고 게을러지면 시간이 남아도 안 간다. 간절하면 죽어도 가고 싶어 진다. 이건 돈 문제가 아니다. 아무리 부자가 돼도 내 마음이 없으면 아이들하고 2시간씩 3시간씩 햇빛 아래서 축구 못한다. 내가 간절해서 꼭 하고 싶어야 하는 것이다. 나는 아이들과의 시간을 절대적으로 원했다 바쁘다는 이유로 많이 미뤘지만, 이제는 시간을 쪼갤 줄 안다. 대부분의 사람들은 적당히 원한다. 그러니까 그 적당히 때문에 계속 평계를 찾는 것이다. 정말 간절하고 절실하면 할 수 있는 방법을 찾게 된다. 매일 모두에게 공평하게 24시간이 주어진다. 그 시간 동안 누군가는 변화를 하고 누군가는 정체된다. 단 15분씩이라도 어제 보다는 더 성장한 오늘을 만들어 보는 건 어떨까. 분명 성공의 방향으로 1도씩이라도 배의 기울기는 바뀔 것이다. 새로 얻게 된 나의 시간에 더 효과적인 영업법을 고민해도 좋고, 고객의 성향 파악이나, 효과적인 계약 피칭을 연구할 수도 있다. 고객과 영업사원 서로의 시간 모두 중요하다. 영업은 소중한 우리의 업무다. 중요한 계약인만큼 서로의 시간과 비용을 아껴주려는 노력을 해야 한다.

———— ◆ ————

시간을 지배할 줄 아는 사람은
인생을 지배할 줄 아는 사람이다.

(에센바흐, 독일 시인)

진심은 통한다
(정성을 다하는 아날로그 이미지)

딱 보기에는 첨단 기기가 딱 어울릴 것 같은 나는, 놀랍게도 아날로그식을 선호하고, 전자책보다는 종이책의 고유한 감성을 더 좋아한다. 음악은 다운로드하여서 듣고, 그림도 전자 패드 대신 종이에 그리고 다이어리에 스케줄을 직접 기록하는 편이다.

첫 번째 아날로그 감성 영업법은 편지다. 나는 출고하는 고객님마다 처음 만났을 때 느낌을 담아 자필로 편지를 쓴다. 새벽에 쓴 편지는 차량 등록증과 함께 넣어서 고객님께 보낸다. 한 글자 한 글자 쓰는 것은 정성이고 노력이 있어야 가능하다. 예쁜 편지지에 작성하여 단정한 편지봉투에 담아 차량등록증 봉투에 동봉한다. 이걸 발견한 고객이 느끼는 감동은 문자나 카톡, 아니면 복사해서 그냥 이름만 바꿔서 주는 것과는 천지 차이일 것이다. 편지를 쓰면서 실제 고객님을 생각한다. 해당 고객을 처음 만났을 때 느낌과 나눈 대화에 기반한 응원 글귀를 담는다. 그리고 만일 계약이나 출고 과정에서 고객과의 사소한 마찰이 있었다면 그것에 대한 감사를 적을 수도 있다.

> 👤 "고객님~ 이런저런 오해에도 불구하고, 끝까지 저를 믿어주고 맡겨주셔서 정말 감사드립니다."

메시지를 통해 고객과의 관계를 더 돈독하게 할 수 있는 계기가 될 수도 있다. 나는 1년에 몇백 대를 팔 수도 있다. 그래도 하나하나 정성 들여 자필로 쓴다는 건 고객의 입장에서는 더 크게 감동으로 와닿을 수 있는 것이다. 심지어 편지를 받고 감동했다고 선물을 보내주시는 고객들도 많다. 사실 출고 때마다 직접 편지를 쓰는 게 정말 쉬운 일은 아니다. 고객을 위하는 마음과 노력이 반드시 들어가야 한다. 내가 생각하기에 분량은 한 장을 80% 정도 채우는 정도가 딱 좋았다. 반 장이 안돼면 휑해 보이고, 한 장이 넘어가면 서로 부담이 될 수 있기 때문이다. 물론 편지 쓰는 일 자체가 어려운 사람들도 있을 것이다. 더구나 쓸 말이 생각이 안 날 수도 있다. 편지에는 감사 인사와 함께 첫 만남이나 그 고객님과 있었던 이슈 사건 이런 사연이 있으면 살짝 첨부해 주는 것도 확실하게 도움이 된다. 무작정 길다고 좋은 것도 아니고 짧되, 한 장을 꽉 채운 정도가 제일 적당하다.

두 번째 아날로그 영업법은 바로 USB 선곡이다. 아무리 차가 좋은 스피커 사운드 시스템을 갖추고 있다고 하더라도 라디오만 들으면 아무 소용이 없다. 음악을 들어야 그 스피커의 성능을 제대로 느낄 수가 있다. 그래서 나는 시승 차량을 준비할 때 꼭 준비하는 게 있다. 나의 USB에는 2천 곡이 넘게 들어있다. 목사님이 오면 ccm 찬송가, 20대 커플이 오면 사랑 노래, 그리고 밤에 시승하러 오시면 재즈, 비 오는 날엔 눈물 나는 노래, 90년대 댄스 가요, 최신 메가히트 팝송 발라드 등등 여러 가지 노래가 담겨 있다. 시승차를 준비할 때 고객님의 성향을 예측해서 미리 음악을 세팅해 놓는다. 나만의 계약 확률을 높이는 법이다.

여기서 의문이 들 수 있다. 누가 요새 젊은 사람이 USB에 음악을 듣냐고 묻는다. 맞는 말이다. 요즘엔 다 블루투스로 듣는다. 한데 전화가 많이 오는 사람은 절대 블루투스로 연결하면 안 된다. 설명 도중에 걸려오는 전화 때문에 곤란한 상황이 생긴다. 고객에게 사과하며 전화를 받을 수도 없고, 설명하다가 놓치는 부분이 생길 수도 있다. 그러나 USB로 음악을 세팅해 놓으면 음악이 끊길 일이 없다. 휴대전화는 설명하는 동안에는 무음이나 진동으로 해 놓으니, 방해받을 일이 없다. 게다가 휴대전화 배터리는 아낄 수 있으니 1석 3조다. 시승을 끝내면 고객들은 나에게 직접 노래를 준비했는지 묻는다. 사람에 맞춰서 선곡하려고 노력했다는 걸 고객들도 아는 것이다. 그러면 나 역시 준비한 답변을 한다.

👤 "고객님을 위해서 이 음악으로 제가 세팅해 놨습니다."

한 명의 DJ가 돼서 고객님의 취향에 맞춰서 음악을 선택할 수 있다는 것 이것도 별 것 아닌 행동이지만 고객에게는 작은 감동으로 전해질 수가 있다. 각각의 고객님의 취향에 맞춰서 음악을 세팅한다면 계약할 확률은 훨씬 높아진다. 여담으로 선곡이 좋다고 장거리 여행을 가기 위해 노래 리스트를 공유해 달라던 고객도 있었다.

그리고 마지막으로 아날로그 영업법 최종 보스가 남았다. 바로 꼬마 손님들이다. 이들을 위해서 준비된 용사들이 있다. 크레파스와 스케치북, 그리고 색칠 도안이다. 경험상 아이들과 동반한 부모는 아이들에게 시선을 뺏길 수밖에 없다. 아이들이 뛰어다니며 장난치다 보면 비싼 차에 스크래치도 날 수가 있고, 애들끼리 싸우고 울면서 왔다 갔다 하면 부모님들은 신경이 곤두선다. 상담받다가도 일어나야 하고, 상담 중에 아이들을 호출하거나, 엄격하게 혼낸다. 그래서 나는 아이들을 위한 스케치북과 크레파스, 색칠 도안을 준비해 둔다. 그림은 남아 여아 모두 그리거나 칠하는 일엔 거의 호불호가 없는 영역이라서 대부분 통한다.

👤 "삼촌이 or 아저씨가 이거 줄게. 여기에 앉아서 원하는 대로 그림 그리고 색칠해 보자. 얼마나 잘하는지 볼까?"

색칠 도안은 포켓몬도 있고, 흔한 남매 시리즈도 있고, 어몽어스 등등 두루 준비해 놓는다. 그림은 그리기 싫어하는 아이들도 색칠하는 건 하려고 한다. 아이들이 부모의 시선을 뺏지 않아서 고객의 천금 같은 시간을 확보할 수 있다. 설명도 반복하지 않고, 정확히 전달되니 자연히 계약률은 높아질 수밖에 없다. 마이쮸, 초코파이 등등 꼬마 손님들을 위한 간식도 준비되어 있으니 배고프다고 조를 일도 없다. 내가 이렇게 준비를 해 놓고 오면, 내 행동 하나하나를 유심히 보던 고객은 이걸 내가 다 준비했냐고 되묻는다. 나는 더한 준비도 있다고 너스레를 떤다. 핵심은 이런 모든 과정을 고객도 함께 보고 있다는 것이다. 고객에게 사소한 행동 하나하나 섬세하고 꼼꼼하게 준비한다는 인상을 심어주는 것이 중요하다. 소정의 금액을 할인해 주는 것보다도 감동으로 마음을 얻을 수 있는 영업법이다. 특히 수입차를 구매하는 고객들은 이미 돈이 많은 사람들이다. 그들에게는 돈 몇십만 원이 중요한 게 아니라, 믿고 거래하는 영업직원의 센스와 정성이 중요하다. 나의 아날로그 영업 포인트를 각각의 상황에 맞춰 자유롭게 적용해 봤으면 좋겠다. 물론 한 번에 모두 실천하기는 어려울 수 있다. 단 한 가지라도 실천해 보자.

——— ◆ ———

아무리 디지털 시대라지만, 여전히 아날로그는 통한다.
정성을 다한 마음이 언제나 통하는 것처럼.

호칭 정리를 잘하자

우리는 예로부터 어른을 예우하고, 가족 간에도 서로 예의를 차려 호칭을 부르던 유구한 전통을 가진 나라에 살고 있다. 결혼하거나 새로운 식구가 들어오면 모두 호칭에 대해서 한 번쯤 어렵다는 생각을 해 보았을 것이다. 가까운 사이는 비교적 주변에서 많이 보았겠지만, 사촌에 팔촌 등 자주 안 만나는 친척을 보는 경조사 자리에선 누군가 한 명 꼭 호칭과 족보를 정리하고 나선다. 그러면 내키지는 않지만, 타인 눈치를 보면서 서로를 지칭하는 풍경을 흔하게 볼 수 있다.

호칭 정리는 비단 가족 구성원의 문제가 아니다. 점점 시대가 변하며 호칭에 민감하게 트렌드를 쫓는 회사도 많아졌다. 직원들끼리 서로의 직급 대신 각자가 정한 닉네임을 부르거나, 이름 뒤에 '님'

자로 부르거나, 모두를 프로, 혹은 매니저로 통일하여 호칭한다. 이러한 행보는 말로만 수평적인 회사를 만드는 게 아니라, 실제로 직원들이 수직적이 아닌 수평적인 관계로 느낄 수 있는 업무 환경을 조성하는 데에 크게 기여를 하고 있다. 우스갯소리로 닉네임을 사용하는 회사에 누군가의 우편물이 도착했지만, 서로의 이름을 알지 못하여 주인을 찾는데, 한참 걸렸다는 후문도 있다.

또 정부에서는 23년 가을에 가사근로자 명칭을 가사 관리사로 변경하는 일도 있었다. 가사 노동이 누구나 하는 일이 아니라, 전문성을 인정받고 하나의 직종으로 인식 전환에 앞서겠다는 취지가 담긴 사례다. 하지만 여기서 주의할 점은 명칭만 바뀌었을 뿐인데도 부르는 호칭이 도우미, 아주머니, 이모에서 관리사님, 선생님 등으로 변화하였다는 사실이다.

이처럼 요즘 시대의 호칭은 더욱 감정을 직접적으로 건드리는 섬세한 영역이다. 또한 사람은 어떤 역할이 생기고 그에 따른 호칭으로 불리면 행동이나 거기에 자신을 맞추고 싶어 하는 심리가 있다. 영업에서도 마찬가지다. 고객과 초면에 만나서 가장 조심해야 하는 부분 중 하나가 바로 호칭 정리다.

고객과 어느 정도의 거리감을 두고, 선을 넘지 않는 것이 당연하지만, 대화가 지속되고, 어느 정도 친분이 쌓였을 때는 호칭이 애매

해서, 이렇게도 불렀다가 저렇게도 부르는 실수를 할 수가 있다.

그렇다면 호칭을 언제 정리하는 것이 황금 타이밍일까? 바로 첫 상담에 정리하는 게 가장 좋다. 상대가 호칭에 불편감을 느끼는데도 계속해서 처음에 부르게 되는 호칭인 고객님, 사장님, 사모님 등을 쓰면 고객과의 거리감이 좀처럼 좁혀질 수가 없다.

그럴 땐 간단하다. 먼저 고객에게 어떤 호칭이 좋은지 직접 물어보면 된다. 괜히 넘겨짚고 말하다가 실수하기도 하니 특히 넘겨짚는 일은 없도록 주의해야 한다.

👤 "사모님!"
👤 "저, 사모님 아닌데요?"

👤 "회장님!"
👤 "큼……. 내가 왜 자네 회장인가?"

위와 같은 상황이 발생할 수도 있다. 이럴 때는

👤 "고객님, 호칭을 어떻게 불러드리는 게 좋을까요? 저는 78년생 입니다."
👤 "에이, 그럼 팀장님하고 별로 나이 차이도 안 나는데, 그냥 형님

이라고 불러주면 안 돼요?"

"알겠습니다. 형님!"

"혹시 아버님, 어머님, 이렇게 불러도 될까요?"

"좋아 좋아. 역시, 내가 이래서 카준형 좋아해."

이렇듯 고객과 소통하면서 호칭이 정리돼야, 거리감도 좁힐 수 있고, 계약 확률도 올라간다. 누군가는 실제로 대표지만 실장이나 팀장으로 불리기를 원하고, 누군가는 '사장님' 보다는 '대표님'이라는 호칭을 좋아하며, 또 다른 누군가는 직급이 아닌 '형·동생, 어머니·아버지' 등 친근한 호칭을 선호한다. 고객이 원하는 호칭이 있으면 그 호칭으로 부르면 되니, 내가 고민해서 부르는 것보다 수월하고 편하다. 사전에 고객이 이렇게 불러 달라고 했기 때문에 더 고민할 것도 없으며, 더욱 친밀감을 느끼게 되어 유대관계는 훨씬 더 매끄러워진다.

호칭도 호칭이지만 호칭보다 중요한 것은 호칭을 쓰는 사람의 태도나 억양, 자세나 표정이다. 친근감 있는 호칭을 쓰면서 정색하거나, 사무적인 호칭을 쓰면서 얼굴에는 장난기 가득하다면 오히려 마이너스다. 고객과 호칭을 합의하여 불렀다고 해도 그런 비언어적인 요소를 통해서 상대를 충분히 불편하게 할 수 있다는 점도 꼭 유의했으면 좋겠다. 상대를 배려하기 위해서 적절한 호칭을 고민했을 것이다. 그 본래의 취지에 반하지 않도록, 내가 쓰는 호칭이 상대에게 어떻게 들릴지를 항상 생각해야 한다.

———— ◆ ————

뭐든 넘치면 안 된다.
과잉예우를 하는 것은 상대를 위한 배려가 아님을 기억하자.

제품 관련 공부를 잘하자
(전문가 이미지 구축)

나는 지프를 영업하면서 많은 사람한테 자동차를 팔았다. 내가 파는 제품에 대해서 지식하고 노하우가 없으면 영업하기 어렵다. 모든 판매자는 자신이 판매하는 상품에 미쳐야 한다. 판매 제품에 대한 정확한 지식과 자신감이 없으면 이 세상 그 무엇도 팔 수가 없다. 나역시 이 지프에 대한 정확한 지식을 습득하기 위해서 밤마다 불 꺼진 전시장을 직접 제품 카탈로그와 비교군을 보면서 어떻게 쉽게 설명하고 간단히 외울 수 있는지를 반복해서 연습했다. 전시장에서 먹고 자면서 자동으로 튀어나오도록 달달 외웠다. 지프는 여섯 가지밖에 없다. 이 여섯 가지 제품을 다양한 방식으로 외우면서 머릿속에 새겨 넣었다. 머리로만 넣은 게 아니라 가슴에다 콱콱 박았다. 내 삶이 걸려 있었고. 가족 생계와 빚도 갚아야 했으니, 내 모든 것을 이 지프 제품에 녹여내야 했었다. 내가 이걸 잘 설명해야 당장 고객님하고 만나서 상담하고 계약하면 급여하고 또 직결되기 때문에 진짜 죽기 살기로 연습했고 노력했다. 내가 불 꺼진 전시장에서 연습하면서 연습 들어가기 전에 항상 다짐한 게 있었다.

[난 할 수 있다. 난 정말 할 수 있다. 우리나라에서 누구보다 내가 설명을 제일 잘한다. 난 단언컨대 설명을 제일 잘한다.]

고객님의 상황에 맞춰서 큰 차가 좋다 그러면 높이를 강조하는 식으로 설명을 이어나가면 된다. 길이가 부담스럽다고 하면 고객이 직관적으로 알아들을 수 있도록 타사의 차종과 길이감을 비교해 준다. 정보는 반복하면 그냥 입에 붙는다. 요즘엔 고객들도 구매하기 전에 유튜브로 많이 공부하고 온다. 한데 영업직원들이 설명하다 말고 막혀서 '책 좀 보고 올게요.' 하면 이미 마이너스다. 고객보다 훨씬 더 많이 알고, 훨씬 더 잘 설명하기 위해서 연습하고 노력해야지만 점점 빨라지는 속도를 따라잡을 수 있다. 바로바로 대답이 안 나오면 전문성이나 신뢰성이 떨어진다.

물론 제품의 양이 많아 전부 다 외울 수 없는 특수 업종이 있을 것이다. 수입차만 해도 지프는 차종이 한정되어 있지만, 벤츠나 bmw처럼 차종이 많은 회사들도 있다. 버전별로 디테일하게 다른 이 수백 가지 차종을 다 완벽하게 외울 수는 없다. 하지만 가장 기본적이고 가장 많이 팔리는 모델이나, 제일 많이 질문하는 모델은 확실히 기억하자. 추가로 스펙을 비교하기 쉽게 잘 정리한 자료나 파일을 만들어 놓으면 훨씬 편하다. 요새는 유튜브나 좋은 책 교재가 있어서 3분의 1까지는 선행으로 익힐 수 있다. 보험 상품도 마찬가지다. 다양한 종류가 있겠지만 적어도 제일 많이 팔리는 상품과, 가장 기본이 되는 것에 대해서 만큼은 암기하고 있어야 한다. 그래야 그 기본을 바탕으로 스토리텔링을 하고, 고객에게 영업으로까지 나아갈 수 있다. 이렇게 여유 있으면서 자연스럽게 상담하는 방법을 터득하기 위해서는 전문성은 무조건 갖고 있어야 한다.

'이 제품은 내가 우리나라에서 제일 잘 팔 수 있다.'는 자신감이 없으면 팔면 안 된다. 나는 이 상품에 대해서는 우리나라 1등으로 설명할 수 있고, 나는 1등 영업사원이라고 항상 확언해야 한다.

이렇게 해야 고객 앞에서도 자신 있게 말할 수 있다. 쭈뼛쭈뼛하거나 본인이 자신을 확신도 못 하면서 물건을 팔겠다는 건 말도 안 되는 소리다. 단점도 전부 설명하라는 게 아니다. 본인이 이 제품에 대해서 단점도 알고 있어야 장점으로 승화시킬 수 있다. 고객보다 미리 단점에 대한 객관적인 정보가 있어야 약점의 보완책을 찾아 더 잘 설득할 수 있다. 그러니 자신이 판매하는 제품에 대해서 장점, 단점 그리고 경쟁사의 비교할 수 있는 모델까지 알고 있어야만 상담시에 훨씬 더 부드럽고 자연스럽게 흐름을 이어갈 수가 있다.

"고객님 맞아요. 다른 차에서는 이러한 장점이 있지만, 저희 차에게는 이게 없습니다. 대신 더 튼튼하고 단단한 본질이 있습니다. 그리고 사륜구동 기술만큼은 저희 지프가 세계 넘버원입니다."

나아가 자신이 권유하는 차에 대한 장점과 경쟁사에 대한 비교 자료까지도 자신이 완전히 장악하고 있어야 한다. 만일 설명을 하는데 고객이 갑자기 단점을 지적해서 물고 늘어지면 어떻게 할까? 물론 단점이 있을 수 있다. 그렇지만 그 단점도 유연하게 대처하면 된다.

앞서 말한 예시와 같이 이 제품의 어느정도의 단점은 내가 알고 있다는 점을 확인해 주고, 이게 조금 부족하지만, 이를 상쇄하고도 남을 만큼의 장점이 있다는 쪽으로 어필해야 한다. 영업직원이 이것을 어떻게 설명을 하느냐로 계약 여부는 결정 난다. 타사의 장점인 디스플레이나 기능이 화려하고 좋은 점이, 사용자에 따라서 운전할 때 방해되는 요소가 될 수가 있다는 점을 에둘러 강조하는 것이다.

"저희는 직관적인 데다가 훨씬 조작이 쉽습니다. 실제 사용하지 않는 기능들은 다 제거했습니다. 기능이 많고 복잡하다고 해서 그 기능을 다 쓰는 게 아니니까요. 그리고 요새는 캠핑 차박 등이 열풍이라서 랭글러 같은 차가 인기가 더 좋기도 합니다."

라고 말하고, 추가로 예시를 들어서 주행 중에 더워서 에어컨을 켠다든지, 추워서 히터를 켠다든지 할 때도, 큰 디스플레이 모니터로만 된 차들은 터치 설정하려고 주행 중에 디스플레이 조작을 해야 하는 번거로움이 있는 부분을 설명한다. 이럴 때는 오히려, 아날로그식 수동방식이 보기에는 투박해도 편할 수 있지 않냐고 강조를 하는 식이다. 유용하고 그렇지 않고는 고객에게 설명하기 나름이다. 선택은 역시 고객의 몫이니 개인의 편리와 성향에 맞게 잘 설명하는 것은 영업사원의 의무이다. 말할 때도 부정어를 통해서 이분법적 대조를 하는 것보다는 추가 정보를 주듯이 설명하는 것이 좋다.

"그리고 이렇게 하면 좋습니다. 그리고 이런 점이 있습니다. 그리고……."

말을 더 맛있게 하는 것이다. 같은 내용을 전하면서도 고객에게 정보를 주는 방식을 택하면 고객은 그 정보에 집중한다. '그런데'와 '그리고'의 화법이 별 차이가 아닌 것처럼 느껴질 수 있으나 고객을 대하는 어투 하나에도 계약 여부가 달라진다. 더구나 고객이 자신의 의견을 말하는데 굳이 아니라며 무안을 줄 필요는 없다. 고객의 의견을 충분히 경청했고 추가로 말하자면 식으로 내 의견을 덧붙이는 것이 좋다.

―――― ◆ ――――

이러한 세부적인 디테일은 바로 적용되는 것이 아니기에

설명하는 멘트가 떠오른다면

필사적으로 기억하려는 노력이 필요하다.

삶의 끝자락에서 인생을 알았다

4장

영업 실전 노하우

〈매력적인 화법〉

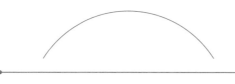

진심이 담긴 공감과
경청이 중요하다

영업에서는 경청하는 것이 어필하는 것보다 더욱 중요한 덕목이다. 상대방 정보를 자연스럽게 유도해서 알아낼 수 있으면 더욱 경청과 공감이 수월해진다.

예를 들어서 우연히 손님에 대한 새로운 소식이나 정보를 들었을 때, 내용에 대해 조금 언급하며 '~라고 들었습니다. 진심으로 축하드려요. 듣는 사람도 이렇게 행복한데, 정말 얼마나 행복하시겠어요. 제가 항상 응원할게요.' 같은 말을 건네는 것이다. 들으면서도 그냥 듣는 게 아니라 눈도 맞추고 공감하고, 좋은 일이든, 나쁜 일이든 내가 얼마나 상대의 일에 진심으로 관심이 있는지 표현하는 게 중요하다. 이때 주의할 점은, 때와 상황에 맞춰서 상태의 기분이나, 태도, 그것을 언급할 때 쓰는 키워드 등을 고려하여 같은 감정선을 유지하도록 노력해야 한다.

처음엔 고객도 경계하면서 자신의 이야기를 꺼내지 않을 수도 있다. 그럴 때는 먼저 사적인 질문은 뒤로하고 차에 관해서 자언스럽게 질문을 하면서 대화의 주제를 확장할 수 있도록 유도해야 한다.

- 저희 차종 중에 마음에 드시는 게 있나요?
- 누가 주로 운전하실 차량이실까요?
- 출퇴근용이신지, 여가용이신지 여쭤봐도 될까요?

이때 고객이 아동 통학용으로 쓴다고 말한다면, 상대의 대화 일부를 복기해 주면서 "통학용을 원하시는 것이죠? 통학용으로는 이 차량을 추천합니다. 왜냐하면……." 이런 식으로 대화를 이어가면 된다. 중요한 건 설명과 대화의 비율이다. 적절히 정보를 주는 와중에도 인간적으로 대화하기 편한 상대라는 이미지를 남겨야 한다.

단지 거래만 위한 어필만 하면 고객은 상품을 강요당하는 기분이 들어서 떠나간다. 누구나 목적성을 가지고 접근하면 사람은 거부감부터 들기 마련이다. 우리도 인스타그램이나 블로그를 볼 때 광고 같으면 뒤로 가기를 누르지 않는가?

하지만 광고도 광고가 아닌 후기 느낌이고, 공감이 되면 고객들은 그것을 소비하고 찾는다. 사랑과 관심을 싫어하는 사람은 아무도 없다. 앞사람에게 초점을 맞추고, 인간적인 관심을 주고받으면 단단했던 관계의 벽도 쉽게 허물 수 있다. 내가 강조하는 것은 처음부터 제품을 어프로치 하는 것이 아니라, 이 제품으로 닿게 하기 위한 길목을 차근차근 만들어야 한다. 길목을 만드는 일에 너무 조급할 필요는 없다. 자연스럽게 나아가라. 점차 상대도 경계를 누그러뜨릴 것이다.

나는 실적으로 증명하는 사람이지만, 이 실적들 또한 나를 믿고 계약해 준 고객분들이 있었기 때문에 가능했다는 것을 잘 알고 있다. 그러니 고객 한분 한분 소중하다. 그러니 당장 눈앞의 계약 건보다 고객과의 관계를 더 중요하게 여긴다. 그들의 이야기에 자연히 귀 기울일 수밖에 없다. 나는 과거에 제대로 망해봤고, 많이 아파봤다. 화려한 시절과 힘겨운 시절은 극과 극이었다. 인생의 괴리를 느끼며 다양한 감정적 체험을 했기 때문에 다른 이들의 마음에 쉽게 공감할 수 있기도 하다. 누구나 자신이 가진 약점이나 잊고 싶은 과거가 있을 것이다. 그러나 그것을 꾸며서 없는 데 있다고 하는 건 절대 금물이다. 아픔은 꾸며낸다고 해서 다른 사람들이 모를 수가 없고 영업은 남들이 볼 때는 공감이나 대화가 유료홍보만큼 바로 결과로 나오지 않으니 멀리 돌아가는 것 같고, 헛발길질 하는 것 같아 보일지 몰라도 사실 그렇지 않다. 영업의 정도를 걷고 있는 것이다. 영업 사원 초기엔 시간이 전부 실적으로만 보여서 고객과 나누는 사담이 어렵고 버겁게 느껴질 수 있다. 하지만 가짜 공감을 하거나 사무적으로만 했다면 고객은 절대 그런 사람에겐 구매하지 않을 것이다. 왜냐하면 고객 입장에서도 비싼 차를 구입하는 것이니 믿고 맡길 만한 사람인지 충분히 정보를 얻고 파악할 시간이 필요하기 때문이다. 실적에만 혈안이 돼서 고객을 사람으로 보지 않고 돈으로 본다면, 그런 심리는 말이나 태도에 그대로 드러나 고객에게 전달된다.

다음으로 공감과 경청을 잘하려면 양질의 질문을 하는 것이 중요하다. 그리고 질문할 땐 이왕이면 차가 있어서 좋은 쪽으로, 차와 관련한 예시를 들어, 맞춰가면 더 좋다. 양질의 질문을 위해서 고객의 이야기를 충분히 듣고, 조금씩 차의 필요성과 관련해서 다시 질문하는 것이다. 역질문하는 것도 하나의 방법이다.

👤 "기존에 쓰는 차량이 있으시면 세컨드 차량이 꼭 필요할까요?"

그러면 고객은 오히려 가족이 한 차를 돌려쓰니 발생하는 불편한 점부터 출퇴근용으로 사용하는 차량이라서 캠핑 가는 기분이 안 나거나, 당장 받을 수 있는 회사의 자가운전보조금 관련한 이야기까지 들려줄지도 모른다. 그러면 이미 필요를 느끼고 있다고, 고객 스스로 확인하는 것이나 다름없는 상황이 연출된다. 그럴 때 맞장구치면서 그렇다고, 그래서 나 또한 세컨드 차량으로 같은 차량을 구매했다고 동조하거나, 아이들과 캠핑을 갔을 때 어떤 느낌이 연출되는지 고객이 청사진을 그릴 수 있도록 찍어둔 사진이나 영상을 자연스럽게 보여준다.

공감력은 영업사원에게 가장 크고 듬직한 무기다. 강연 때도 마찬가지다. 수많은 사람을 최대한 여러 각도로 나누어서 눈 마주침을 하기 위해 노력한다. 내 이야기에 공감하는 사람들의 얼굴을 볼 수 있다. 상대방을 이해하고 공감할 수 있으면 그 사람의 매력이 배가되어 호감형으로 느껴진다. 이건 사람의 외모를 초월하고 생겨난 인간적인 매력이다. 내가 누군가를 공감하고, 누군가로부터 공감받는 일은 그 자체로도 서로에게 긍정 에너지를 준다.

어떤 대화는 대화지만 곧 정보이고, 정보이지만 동시에 관계의 밀도를 높이는 상호작용이다. 영업사원의 밝은 이미지와 공감 화법은 고객의 이야기와 어우러지며 아름다운 계약을 성사시킨다. 여기에 고객의 성향이나 선호도를 미리 파악하고 있고, 여러 분야에 해박한 지식이 있다면 다양한 고객에게 공감하기에 더 유리하다. 나의 경우는 고객이 좋아하는 노래나 커피의 기호를 고민하고 연구한다. 고객뿐만이 아니라 나를 찾아주는 상대 모두에게 진심으로 다가가려고 애쓴다.

예를 들어 강연 요청이 들어오면 해당 회사의 구호나 브랜드 색깔 등을 미리 알아놓고 방문하는 편이다. 그리고 고객님들의 스타일이

나 직업군에 따라서 적극적으로 따라다니며 설명을 할지, 편하게 차를 둘러보고 올 때까지 앉아서 기다릴지, 자료를 보고 차근차근 선택할지 등등까지도 고객 맞춤으로 고려한다.

——— ◆ ———

내가 공감받고 싶은 그대로
남을 공감하고 경청하며 살고 있는지 돌아볼 필요가 있다.

사소한 디테일에
성패가 갈린다

누군가를 감동하게 하는 일은 쉽지 않다. 현대 사회가 바빠지고 마음에 여유가 없어지면서 자연스러운 감동을 전달하기는 더욱 어려운 시대가 되었다. 하지만 의외로 사람들은 큰 것보다 사소하고 작은 것에서 감동이 전해질 때가 훨씬 많다. 또 기대한 것보다 기대하지 않은 것에서 생겨난 감동이 더 큰 법이다. 그러니 조금만 노력하면 상대에게 예상치 못한 감동을 줄 수 있는 것이다.

앞서 나는 차를 출고할 때, 차량 등록증 봉투 안에 편지를 동봉한다고 말했다. 그리고 한동안 함께 넣어둔 것이 있다. 바로 돈이다. 돈은 만 원짜리 하나 오천 원짜리 두 장, 천 원짜리 열 장을 준비한다. 합쳐도 단돈 삼만 원밖에 안 된다. 이 삼만 원을 편지와 함께 봉투에 넣어서 등록증과 같이 드렸다. 그럼 어김없이 고객들이 묻는다.

"팀장님, 여기 편지는 팀장이 쓰신 건 줄 알겠는데, 이 의문의 돈 봉투는 뭔가요?"

"아, 그건요. 혹여나 고객님께 주차비나 톨게이트 정산에 문제가 생겼을 때 빨리 꺼내서 급할 때 쓰시라는 지의 조그마한 마음입니다."

그 의문의 지폐는 바로 주차장이나 톨게이트나 카드를 두고 왔을 때 요긴하게 쓰일 용도의 현금이다. 요즘엔 모두 카드를 사용한다. 그것도 실물 카드만큼이나 PAY 방식의 결제를 사용하는 이용자도 많아졌다. 그런데 정말 가끔 현금이 필요한 순간 단돈 몇천 원 때문에 곤란한 경우가 생긴다. 뒤차들은 빵빵거리는데, 휴대전화 OTP로 해서 계좌로 송금하든지 아니면 송금도 안되면 뛰어가서 ATM기기에서 출금해 와야 한다. 별것 아닌 것 같지만 받는 사람에게는 이게 10만 원짜리의 다른 서비스보다도 더 큰 값어치가 될 수도 있다. 실제로 위급 사황에 쓰고 후기를 알려준 고객도 있고, 특히 주차장에서 요긴하게 쓰였다는 피드백을 받으면 기분이 좋았다. 요즘은 대부분 자동 인식 시스템으로 되어 있어서 덜하지만, 내가 이 디테일에서 강조하고 싶은 부분은 바로 미래지향 관계다. 고객에게 차를 출고했지만, 거기서 끝이 아니라 고객이 이 차를 타고 다니는 동안의 안전이나 편안함 또한 같이 고민하고 생각하겠다는 의지를 보여주는 행동이 핵심인 것이다. 운전을 하는 와중에도 차량을 출고해 준 영업사원을 기억나게 할 수 있다면 그것은 감동을 주면서 동시에 영업사원의 홍보 전략이 된다. 동승자에게 그 돈의 원천을 설명하면서 또다시 영업사원의 칭찬을 저절로 해줄 것이다. 미담이 하나 더 늘어나는 것이다.

다른 예도 있다. 자동차에는 핸들에 열선이 있는 차도 있지만, 열선 핸들이 없는 차도 있다. 근데 겨울철에는 너무 춥다. 의자나 핸들이나 열선이 없으면 진짜 차갑다. 간혹 여성분 중에는 추위를 많이 타는 경우엔 시승을 거부하기도 한다. 그래서 이러한 이슈를 미리 방지하고자 나는 무선 헤어 드라이기를 장만했다. 급속으로 충전되는 것이었다. 시승 전에 30초만 미리 쏴주면 시트도 핸들도 어느 정도 열감이 생긴다. 물론 애초에 열선이 있는 차도 있지만, 열선이 데워질 때까지 시간이 오래 걸린다. 그래서 무선 헤어 드라이기로 강으로 해서 1분만 쏘면 빠르게 정말 뜨끈해진다. 이 상태로 고객을 시승하게 하면 고객은 나에게 열선도 없는데 왜 따뜻한지 묻는다. 그러면 나는 고객님을 위해 드라이기로 데워놓았다는 미리 준비한 멘트를 말한다. 작은 행동이지만 고객에게 감동을 준다는 것은 많은 변화를 가져온다. 그만큼 상대에게 신경을 쓰고 있다는 것이고, 자연히 계약률은 높아진다. 내가 고객이라도 이 직원은 계약하고 나면 이후에도 더 많은 것을 놓치지 않고 챙겨줄 거라는 기대가 생긴다. 이 사소한 디테일이 계약을 하고, 못 하고에 영향을 줄 수 있다.

마지막 디테일을 챙기면 좋은 예로, 영업을 처음 하는 사람들이 많이 하는 실수 중 하나다. 바로 계약하는 볼펜 선택에 있다. 고객하고 상담하고 계약을 써야 되는데 모나미 볼펜 아니면 천 원짜리 볼펜을 주고 사인해 달라고 말한다. 고객이 계약하는 상품이 이 정도밖에 대우를 못 받을 만큼 값어치가 없는 걸까? 절대 그렇지 않다. 고객님은 지금 최소 오천만 원에서 일억짜리 차를 구입하고 있다. 그런데 몇백 원짜리 모나미 볼펜으로 사인하라고 하면 티는 내지 않더라도 소홀하다는 느낌을 전달할 수 있다. 고객님을 위해서 최고급 명품 펜을 준비하라는 게 아니다. 그래도 이 정도면 괜찮고 고급스러워 보인다, 하는 정도면 된다. 10만 원에서 20만 원 사이면 적당하다. 볼펜은 영업의 기본이다. 색상을 더해서 설명할 때 바로 체크해 주는 센스가 있다면 더욱 좋다. 계속 영업사원의 얼굴만 볼 수 없으니 고객은 서류와 서류를 쓰는 손을 볼 것이다. 그 손에 어떤 볼펜이 있어야 더욱 긍정적인 이미지를 줄 수 있겠는가 고민해 보라. 영업사원이라면 볼펜에는 꼭 투자해야 한다.

— ◆ —

고객이 안 보는 것 같지만 다 본다.
우리도 고객이 우리를 어떻게 대하는지 전부 느껴지듯이.

고객을 스토리의
주인공으로 만들어라

누군가가 당신에게 이야기를 들려준다고 하면 일단 몸이 앞으로 기울지 않는가. 사람은 누구나 이야기에 흥미를 느낀다. 그래서 나는 고객들에게 여러 상황에서 스토리를 들려준다. 그래야 내가 원하는 차에 대해서 자연스럽게 설명할 기회를 얻을 수 있다.

바로 예를 들어서 지금부터 랭글러가 아우디보다 나은 이유를 고객에게 설명해 보겠다.

"왜 랭글러여야 하냐고요? 예전부터 대치사거리가 지대가 낮아서 자주 침수됐던 거 알고 계시죠? 유일하게 침수되지 않았던 차가 바로 이 차입니다. 랭글러 높이가 82cm로 도강에 특화되어 있어요. 제 고객님 중에 한 어머니께 감사 문자가 왔어요. 비가 많이 온 날 다른 차들은 침수되어서 오가질 못하는데 어머님 차만 아이를 데리러 학원에 갈 수 있었다고. 그날 아이가 엄마 멋있다고, 얼마나 고마워했는지 모른다고 말이에요. 저는 그 말씀을 듣고 정말 기뻤습니다."

실제로 위 사례의 자동차 가격은 일억이 안 되지만, 아이는 수억원대 차들을 탄 부모님을 만난 것보다 더 기뻐했다. 가치를 가격보다 상위로 끌어올리는 이런 이야기들이 실제로 고객의 마음을 움직인다. 차의 가치를 머릿속에 심어줄 수 있으면 성공이다. 가격이 비싼 게 아니라 그만큼 가치가 있으면 하나도 아깝지 않다고 은유적으로 알려주는 것이다. 주제와 관련된 스토리텔링이 끝난 후에 고객이 마음이 끌리면 자연스레 차에 관심을 가진다. 그러면 그때 스펙에 관해 천천히 말해주면 된다.

내가 만약 보험 영업사원이었다면 나는 아래와 같이 내가 경험한 예시를 통해 공감대를 확장할 것이다.

"제가 과거에 놀이공원에서 아이를 잃어버린 적이 있었어요. 한 시간이 평생 같고 괴로웠습니다. 한 시간 동안 아내는 울고, 아이와 길이 엇갈릴까 봐 적극적으로 찾으러 나서지도 못하고 방송만 내보냈어요. 어디선가 울면서 부모를 찾고 있을 아이를 생각하니 문득 그런 생각이 들더라고요. 아이에게 미리 비상 전화를 주던지, 길 잃어버릴 상황을 가정하여 미리 만날 장소를 정해 놓을 걸 하는 아쉬움이 들었어요. 아이는 한 시간 이후에 다른 방문객의 도움으로 찾을 수 있었지만, 그전까지 저는 아이와 함께 할 수 없는 미래를 떠올리면서 괴로워하고 과거를 후회했습니다. 그때 만약 보험처럼 아이를 지켜줄 든든한 무언가가 있었다면 저는 믿는 부분이 있어서 그렇게까지 절망적이지는 않았을 거예요. 인생이란 게 언제 어디서 무슨 일이 생길지 모른다는 걸 절실히 실감했습니다. 항상 건강하고 안전하면 좋겠지만, 세상은 변수가 많잖아요. 아이를 잃어버릴지도 모르겠다고 낙담했던, 그 한 시간이 저에게는 평생 살아가는데 잊지 못할 교훈을 줬어요. 바로 대비하는 삶을 살아가야 한다는 깨달음이었죠. 살면서 상황에 맞춰서 계속 리모델링해야겠지만, 언제든지 믿을 구석 하나는 준비해 놓는 것. 그것이 요즘 같은 세상에서는 필수인 것 같아요."

이 이야기 이후에 어린이 보장성 보험이나 부모 노후 질병 및 생명 관련 보험을 소개한다면 듣는 이는 필요성을 체감하게 되고, 당장은 아니더라도 스토리에 충분히 이입됐다면, 당장 필요한 것처럼 느껴져 보험을 준비해 놓아야겠다는 생각으로 자연스럽게 이어진다. 그러면 프로모션이 좋고, 기본적인 보험 중에서 선택할 수 있도록 선택지를 좁혀주면 되는 것이다. 고객은 이미 내 이야기를 들으면서 자신의 상황을 대입해 보았을 것이다. 고객에게 전하는 모든 이야기는 상대를 이야기 주인공으로 만들게 하는 힘이 있다. 이야기를 듣고 그 상황에 처한 사람이 나였다면 어땠을까? 하는 생각을 하는 것만으로도 보험에 대한 인식을 욕구에서 필요 쪽으로 움직일 수 있다. 내가 스터디언이나 휴먼스토리에 출연한 영상은 동기부여 영상으로도 쓰이지만, 보험회사 측에서 들어보니 교재처럼 쓰이기도 한다고 했다. 그 이유를 생각해 보면 한 사람의 영업 성공기가 스토리로 담겨 있기 때문일 것이다.

나도 과거에 말 한마디로 내 생각의 패러다임을 전환시킨 청년을 우연히 만난 적이 있다. 가족과 함께 유니버설 스튜디오에 갔을 때였다. 아들과 걷고 있는데 평범한 인상의 청년이 웃으면서 다가와 아이와 사진을 찍어준다고 하길래 사진 한 장에 얼마겠어, 하고 밝게 웃으면서 사진을 찍었다. 청년은 즉석으로 나온 인화지를 내밀며 15불을 불렀다. 내가 보기에 필름 10장이 8불쯤 되는데 1장에 15불이라니 외국 관광객이라고 바가지를 씌우는 것 같아서 기분이 썩 좋지 않았다. 나는 단호하게 NO를 외치면서 고개를 절레절레 저었다. 그러자 청년은 안타깝다는 얼굴로 내게 말했다.

🧑 "당신 아들이 이렇게 행복해하는데, 이 사진을 보면서 90세, 100세까지 행복하게 웃을 텐데, 왜 돈을 아끼나요? 당신은 좋은 아빠가 아닌가요?"

영어를 해석해 보면 대략 이런 내용이었다. 순간 머리를 쿵 맞은 기분이 들었다. 아들은 이미 사진을 들고 사진에 자신의 얼굴이 나왔다며 좋아했다. 그때 생각했다. 이런 게 스토리텔링을 활용한 마케팅이구나. 아이에게 좋은 아빠가 되고 싶은 나의 욕망을 저 사람은 정확히 꿰뚫고 있구나. 그날 나는 그에게 큰 깨달음을 얻었다. 나는 나에게 깨달음을 준 청년에게 고마워서 한 장 더 찍어달라고 해서 사진 2장에 총 30불이지만 감사의 표시로 20불을 더 보태서 50불을 지불했다. 배움의 표시였기 때문에 전혀 아깝지 않았다. 청년은 돈을 받고 고맙다면서 밝게 인사했는데 돈을 주머니에 넣을 때 슬쩍 보니 언뜻 봐도 돈이 수북하게 보였다. 나뿐만 아니라 다른 이들에게도 완벽한 스토리텔링을 했겠다는 생각이 들었다. 그는 순수한 사진사는 아니었을지언정 훌륭한 스토리텔러였다.

이런 일은 살면서 많을 것이다. 광고도 자세히 보면 무슨 이야기를 하려고 이렇게 시작하는지 호기심으로 보게 될 때가 있고, 그러다 보면 집중해서 나도 필요하지 않을까, 하는 식으로 의식이 흘러갔다. 구매욕구와 필요가 뒤바뀌고, 가격과 가치가 뒤바뀌면서 소비라는 마법은 일어나게 된다. 나도 물병에 우리 아이들이 좋아하는 캐릭터가 그려져 있다면 500원 물이라도 5,000원에 살 수도 있다. 한 여름에 등산하다가 800원짜리 생수를 얼렸다는 이유로 2,500원씩 받아도, 덥기 때문에 저절로 사 마시게 되지 않겠는가? 그것은 그 순간의 상황에서 판단하기에 따라 가치가 가격을 이긴 결과다.

그러니 제품에 대한 스펙부터 들이밀지 말고, 연관이 없을 것 같아도, 알고 보면 핵심을 건드리는 이야기부터 시작하라. 어쩌면 고객들은 유튜브나 다른 매체를 통해 차에 대한 이론은 이미 더 잘 알고 있을 수 있다. 하지만 '왜 이 차여야만 하는지' 이유는 영업사원인 내가 스토리를 통해서 가치를 높여줘야 한다.

———— ◆ ————

가격보다 가치가 상위를 차지하게 만드는 것은
순전히 당신의 몫이다.

한 명의 고객 뒤에
여러 명의 고객이 있다

우리는 나무를 보지 말고 숲을 보라는 말을 익히 들어왔을 것이다. 작은 부분을 보느라 전체를 놓치는 우를 범하지 말라는 의미일텐데, 영업에서도 전체를 보는 눈은 상당히 중요하다. 영업인 역시 멀리 내다보고 침착하게 행동해야 한다. 그 어떠한 상황에도 말이다. 영업을 하다 보면 차를 계약하고 나서 며칠 후 전화를 걸어와 피치 못할 사정으로 해약을 하는 경우가 종종 발생한다. 그럴 때 나는 해약 의사를 표시한 고객에게 서운한 마음을 표현하기보다는 나를 믿고 계약을 진행해 준 고객의 마음에 먼저 감사 인사를 건네고, 조심스레 이유를 묻는다. 그 과정에서 상대를 무안하거나 불편하게 만들지 않으면서 고객의 이야기를 경청하고 있다는 신중한 자세를 취한다. 또 가끔은 계약할 여건 안 됐는데 너무 열정적으로 설명해 주셔서 계약했다는 피드백을 듣기도 한다. 근데 그런 피드백은 그것대로

삶의 끝자락에서 인생을 알았다

또 보람이고 만족감이 된다.

　간혹 해약하면서 계약 당시 받은 선물을 택배로 다시 보내주겠다는 고객이 있다. 그러면 나는 이야기한다. '저희 만난 것도 인연인데 오히려 나중에 더 잘 되시면 그때 구매해 주세요. 그러니 걱정 안 하셔도 되고 주변에서 지프 얘기 나오면 꼭 한 대만 소개해 주십시오.'라고 말이다. 대표적인 예로 코로나가 한창 기승을 부리던 때 일이다. 부부 고객이 계약하고 갔다가 얼마 후에 전화가 와서 미안한 마음으로 해약을 요청했다. 한창 집값이 오를 시즌이었는데, 안될 줄 알고 넣었던 분양권에 덜컥 당첨되었다는 것이다. 그 아파트에 입주하려면 자격 조건 중 하나가 6천만 원 이상의 차량이 없어야 한다는 조건이 있었다. 부부는 정말 미안해하며 선물을 반환하겠다고 말했다. 나는 아파트 당첨 축하 선물이라고 말하며 진심으로 축하 인사를 건넸다.

　그 후로 부부는 주변 사람들을 악착같이 소개해 줬다. 당장 출고로 이어지지 않더라도 진심을 다해 결국 내 팬으로 만들면 이기는 게임이 된다. 그런데 영업직원 중에는 숲을 보지 못하고 이때에 해약에 매몰되어서 미안한 마음에 선물을 반환한다고 하는 고객님에게 '네 보내주세요.' 하며 선뜻 자신의 명함과 주소를 불러주는 우를 범하는 친구도 있다.

　숲을 보는 다른 예로, 나는 지방에 출고 갈 일이 많다. 지방에 가다 보면 주차하고 음식을 먹을 수 있도록 도로변에 맛집들이 꽤나 많다. 나는 지나가다가 지프 차량이 좋은 명당자리에 세워진 식당을 만나면 오랜 친구를 만난 듯 반갑다. 나는 그 옆에 주차하고, 선물을 챙겨서 식당에 들어가 밥을 먹는다. 그리고 계산을 할 때 선물과 명함을 내민다.

👩 "아니, 우리 남편은 다른 사람에게 지프를 뽑았는데, 왜 선물을 주는 거예요?"

받는 분도 어리둥절한 선물이라 선뜻 받지 못하고 질문하는데, 나 역시 준비해 둔 대답이 있다. 보통 제일 좋은 자리에 지프차가 딱 서 있다는 것은 외부인이 아니라 관계인일 확률이 높고, 메인 자리에 있는 차는 식당 주인의 차일 확률이 높다는 것을 의미한다.

👨 "이렇게 좋은 자리에 주차하는 대단한 분이 타고 다니는 차가 지 프라서 반가워서 그렇습니다. 아마 손님들이 차가 잘 보이면 차 에 대해서 한 마디씩 할 수도 있잖아요. 그럴 때 지프차에 관심 있으면 연락해 보라고 저 한 대만 소개해 주면 됩니다."

이렇게 말해 놓는다. 당연히 선물만으로 가능하지 않다. 나는 오 가며 그곳을 단골처럼 계속 들릴 것이다. 그러다 보면 그 식당 주인 은 다른 곳에서 차를 뽑았지만, 차에 관심이 있는 손님이 생기면 가장 먼저 나를 떠올린다. 병원이나 다른 매장 역시 마찬가지다. 지프를 타는 사람의 지위가 높을수록 자연히 차는 홍보가 된다. 실제로 여러 곳에 이렇게 여지를 남기고 다녔더니 곳곳에서 소개가 들어왔다.

사소한 것 같지만 이는 큰 차이다. 만약 내가 식당이나 매장 앞에 세워진 랭글러를 보고, 나한테 안 뽑았다며, 이제 저 사람은 3~4년간은 한동안 차 살 일 없을 테니 저긴 안 가야겠다고 단념했다면 그냥 그걸로 끝이었을 것이다. 하지만 나는 그러지 않았다. 여기서 고수와 하수의 차이가 난다. 하수는 이후 추가로 발생할 가능성을 놓친다.

얼마 전에 후배 한 명이 자신이 커피가 정말 맛있다면서 자주 가던 단골 카페를 더 이상 가지 않겠다고 말해서 이유를 물었더니, 그 카페 사장이 다른 사람에게 랭글러를 뽑았다는 것이다. 그래서 내가 후배에게 그럼 그 사장이 네가 지프에 다니는 걸 알고 있었냐고 물었더니 알지 않겠냐면서 한 번도 명함을 준 적은 없었다고 답했다. 나는 아무리 집 근처라고 해서 명함을 준 적도 없고, 무슨 일 하는지 제대로 알린 적도 없는데, 상대가 어떻게 알고, 단골손님에게 차를 사겠냐며 후배에게 그건 아니라고 말했다. 뭐든지 일단 알려놔야 그 이후에 기회가 생기는 법이다.

나는 회식을 하더라도 지점장님께 법인카드를 달라고 해서 내가 대신 계산을 하고 나갈 테니 천천히 정리하시라고 한다. 그리고 서둘러 카운터로 가서 식당 분들께 내 명함을 드리면서 회식 때마다 여기로 오겠다고 말한다. 그러면 내가 그곳에 갈 때마다 나는 지프에 다니며 결제를 하는 단골이자 총무 이미지까지 얻게 되는 것이다.

또한 식당이 회식할 정도의 규모이니 굵직한 동호회 모임 예약도 많이 오는 곳일 확률이 높다. 그래서 선물을 따로 챙겨주며 그런 대규모 모임이 있는 날은 미리 귀띔을 해달라고 부탁해 놓는다. 동호회에서 힘 있는 분들이 소개를 하면 일사천리로 계약이 진행되기 때문에 이 동호회 파워는 무시할 수가 없다. (오프라인 모임이 어렵다면 온라인 동호회라도 가입하시길) 홍보 없이 깜짝 이벤트처럼 무료로 선물을 쏘겠다고 하면 싫어할 동호회는 없다. 이것이 바로 회식비를 결제하는 순간에도 깨알같이 나를 홍보할 초석을 만드는 비법이다.

앞서 언급한 식당 앞 지프차 역시 타인의 실적이라고 해서 이후 생겨날 소개 역시 타인에게만 간다는 보장은 어디에도 없다. 이것은 내 영업 방식 중 하나이다. 나에게 차를 안 산 분에게 영업해서 릴레이로 7대까지 소개받은 쾌거를 이룬 기록이 있다. 기회는 만드는 자의 것이다. 이 세상에는 다른 사람의 고객이니까, 하고 지나치는 사람이 있고, 그 차를 전시 모델로 만들어 '소개'라는 2차 가능성을 열어두는 사람이 있다. 당신은 어떠한 사람이 되고 싶은가?

—— ◆ ——

영업은 더하기 빼기로 단순하게 접근해서는 안 된다.

곱하기이다. 그것도 무한 제곱근으로.

을인 척하는
갑의 영업 비법을 활용하라

고객이 와서 응대하고 시승도 하고, 충분히 제품 설명도 들었는데 계약을 망설이는 때가 있다. 차가 궁금해서, 계약할 생각까진 없는 구경만 하러 온 경우다. 물론 집 다음으로 비싼 게 차인데 당연히 그럴 수 있다. 그럴수록 영업사원은 더 전략적으로 가야 한다.

일단 고객이 방문하면, 밝게 인사를 건네고, 날씨나 주차 등 가벼운 주제로 먼저 스몰토크를 하면서 내적 동기를 파악해야 한다.

고객의 용도를 묻고, 시승을 권유한다. 처음부터 바로 차부터 시승하게 하면 부담을 느끼고, 거부할 수 있으니 자연스럽게 보게 하다가 중간에 테이블에서 커피를 한잔 마시게 하고, 그다음 차의 열린 문으로 음악이 흘러나오는 걸 듣게 한다. 이미 고객이 차 내부의 음질을 즐기고 있다면, 스피커 성능부터 시작한다. 서서히 차의 장점을 어필해서 단계적으로 제품을 느끼도록 만든다.

시승코스 또한 고속 주행을 원하는 경우와 꿀렁하는 미세한 움직임을 원하는 경우까지 고려하여 만족시켜 준다. 사소한 팁을 더하자면, 커피를 제공할 때는 많은 양을 제공하여 상담시간이 길어지게 한다. 자리에 앉으면 시승이 어떠셨는지 묻고, 느낀 점을 말하면 예리하다는 점을 강조하자. 또한 한 번 더 고민해 보겠다는 고객의 말에 지속적인 공감과 이해, 그리고 시승 시 고객이 보인 반응을 기억했다가 구체적인 칭찬으로 돌려주어야 한다.

여러 차를 시승해 본 고객과의 대화 중에 고객의 망설임이나 니즈 파악이 확실해진다면, 선택의 폭을 좁혀서 강력한 제안을 하는 것이 좋다. 우리 제품은 전부 다 좋아요,라는 두루뭉술한 피치보다, 제가 들어보니 고객님의 경우에는 ~~를 중요하게 여기시니 ~~ 가 좋겠습니다, 하는 선택 범위를 줄여주는 피치 전략이 필요하다. 그리고 고객의 마음에 들어온 하나가 확실히 결정되면 그 제품 구입 시 혜택을 쏟아주는 느낌으로 어필과 설득을 이어나간다.

금액을 깎아준다고 말하기보다는 옵션을 높여준다거나, 서비스를 더 준다거나, 사용과 관련한 디테일한 정보를 준다거나, A/S 서비스, '영업사원 김준형의 인프라' 등등을 어필한다. 가끔 나를 어필하면 이런 어필 처음이라면서 재밌어하는 고객님도 계신다. 또 고객이 제일 궁금할 만한 할부나 리스 견적을 뽑아주며 지금 해야 하는 이유를 들어 긴장을 고조시킨다. 해당 차량 재고가 몇 대 안 남았다고 말하면서, 왜 꼭 나에게 해야 하는지 아래와 같이 어필한다.

"대부분 차를 팔면 장땡이라 생각합니다. 그러나 저는 그 차를 팔고 나서부터가 더 깊은 인연의 시작이라고 느낍니다. 대충 금액 맞춰주고 뒤에서 책임지지 않는 비겁한 영업사원이 될 바에는 그냥 안 팔겠습니다. 고객님께서는 차를 구매하시는 것도 있겠지만, 저의 인프라를 함께 얻으시는 것입니다."

일반적으로는 감정 피치를 하겠지만 나는 전략 피치를 한다. 내가 해줄 수 있는 것과 없는 것을 명확히 말하는 것이다. 이때 주의할 점은 주눅이 들듯 말을 더듬거나, 하나도 남지도 않는다며 짜증을 내면 바로 끝이다. 여기서 상대가 고민하면 전략 피치 2단계에 돌입한다.

"제 기준 맞춰주시면 어머님처럼 모시겠습니다. 하지만 당장 할인을 원하신다면 그 정도 맞춰줄 수 있는 사람을 연결해 줄 수도 있습니다. 그러나 나중엔 후회하고 저를 찾아오시리라 장담합니다. 물론 그렇다고 해도 저는 고객님을 맞이하고 상담해 드리겠지만, 고객님은 저에게 그때 되어서 너무 미안해하지 마세요. 이런 경우가 흔하거든요."

이 말을 통해서 간접적으로 나에게 계약하지 않았을 때 일어날 일을 대략적으로 연상시켜 준다. 고객의 선택이 남았지만, 나는 고객에게 최선을 다하겠다는 이미지를 줬고, 고객은 자신이 돈 때문에 좋은 사람을 놓치겠다는 생각이 자연스럽게 피어난다. 거기에서 내가 다른 직원을 알아봐 주려고 제스처를 취한다면, 갑자기 고객이 나를 붙잡게 된다. 고객은 미안해하거나, 흔쾌히 기존 조건대로 계약을 진행한다. 이야기는 점점 상대방이 아쉬운 쪽으로 바뀐다. 내가 일관된 자세로 정중히 나오니 눈빛도 말도 고객에게 솔직하게 전달되었을 것이다. 영업 역시 많은 다른 일과 마찬가지로 영리적이고 누군가의 생계다. 나도 가족들과 잘 살기 위해 일을 하는 것인데, 당연히 떳떳하게 내 선에서 가능하고 불가능한 기준을 제시할 수 있어야 한다.

그 결과 나는 매장에서 차량 판매도 1위였지만, 마진율 역시 1위였다. 정 조건으로 계약한 고객들이 많았고, 나 또한 고객들에게 정성을 다했다. 내 전략은 단순한 스킬이 아니다. 그 전략을 통해 전달된 나만의 진심이 있었기 때문에 가능했다. 그러다 보니 어느 날은 하루 만에 여덟 대나 계약했다. 그날의 경험은 여전히 짜릿하다. 그때 아내도 나에게 영업왕 귀신이 붙은 거냐면서 어떻게 오는 사람마다 차량을 계약하고 가는지 신기해하며 감탄했다.

같은 상황일 때 절대 해서는 안 되는 실수가 있다. 어떤 영업사원은 고객이 할인을 요구하면 처음에는 참다가 갑자기 폭발한다. 고객의 무리한 요구에 생각할수록 억울함은 들 수 있다. 그렇다고 해서 꼭 맞대응할 필요는 없다. 감정이 상해서 그 감정을 고객에게 전달하면 안 된다.

"이거 팔아서 얼마나 남는다고 그러세요. 그럴 거면 안 팔고 말지."

내가 앞서 예시로 든 것과 같은 내용을 담고 있지만, 전혀 어감이 다르다. 그 멘트가 영업사원의 내면의 진심일 수는 있지만, 그 진심은 곧 영업인의 태도와 고객의 불편으로 작용한다. 고객과 원수 되기 딱 좋은 발언이 된다.

효과적인 의사 전달력이 중요하다는 것을 다시금 강조하고 싶다. 상대에게 전략을 다 하지만 전력도 다하는 마음. 그 마음과 메시지를 전달하는 것이 중요하다. 고객에게 같이 화를 낸다면 서로 감정만 상하고 그동안 애쓴 기회비용만 날리는 것이다. 같은 말이라도 상대를 미안하게 만들고 끝까지 최선을 다하면, 결국은 내가 이기는 게임이 된다. 을이지만 결코 을만이 아닌 상황을 만드는 것. 위치를 뒤바꾸고, 다시 제자리에 두는 것 또한 지혜롭게 위기를 극복하는 고객 응대 스킬 중 하나이다.

여러 영상에서 나는 A급 고객이 따로 있지 않다고 말했다. 팀원들이 물어본다.

👤 "팀장님은 A급만 받는 거 아닙니까?"

손님을 ABCD로 나눌 수는 없다. 내가 관상가는 아니지만 첫인상에는 차를 살 사람이 아니었는데 그 고객을 앉혀놓고 정말 1시간 2시간 이야기하다 보면 계약서 쓰고 있는 경우가 많다. 그때 정말 행복하다. 나중에 출고된 이후 고객에게 물어본 적도 있다. 그때 사실 계약하러 오신 거 아니었죠? 하고 물으면 100이면 100 고객들은 '어떻게 알았냐고 분명히 살 마음이 없었는데 준형 씨한테 막 열정적으로 듣다 보니깐 이상하게 사고 싶어 져서 계약서 쓰고 있더라고.' 하고 웃는 경우가 많다. 나는 인생 경험으로 공감하는 게 대화에 녹아져 있으니까 상대가 금방 가려고 하다가도 본인도 미치겠네. 나 약속 늦었는데 하면서도 계속 앉아서 얘기를 나누게 된다. 그러다가 결국엔 계약서 쓰고 간다. 물론 비싼 차량을 계약하는 건데 여러 가지 요인이 작동하는 것이겠지만, 고객의 입장에서는 '저 사람 되게 열정적이다.' 하면 그 사람에게 사주고 싶다는 생각이 강렬해진다. 거기에 그 사람이 일정 조건 조율을 해주려고 최선을 다하는 모습을 보인다면 지금이 기회인 것만 같은 느낌이 든다. 그럴 때 더욱 정성을 다한다.

중요한 또 한 가지는 앞선 방법들로 계약이 되었다면 무조건 빨리 출고시켜야 한다. 고액의 거래다 보니 하루 만에도 변심이 생길 수 있다. 그러니 프로는 그런 심리가 생기기 전에 고객에게 차를 안겨주며 변동 위험성을 낮춘다. 구경이나 할까 해서 들어왔다가 필요를 느끼고, 구매 찬스인 김에 망설이다가 결국 계약을 하고, 계약 후에도 잘한 일일까 고객이 고민하는 사이에 이미 집 앞에 출고된 차량이 짠-하고 도착해 있어야 하는 것이다. 나는 고객이 5일 전에 계약했는데, 5일 후면 탈 수 있도록 최대한 일사천리로 일을 처리한다. 보통 신차 구입 시 최소 6개월에서 많게는 1년은 기다려야 하는 다른 차 브랜드에 비해서 지프는 출고가 빨리 되는 편이다. 사람들은 처음에 망설이던 것도 막상 자신의 것이 되면 아끼고 더 사랑스러워한다. 많이 본 사람들에게 자연스럽게 호감이 가기 마련이라는 심리 기법인 '노출효과'가 적용되는 것이다. 내 것이라 하면 더 애착이 생긴다. 실전은 한 번뿐이다. 출고 때까지 출고가 아니라는 걸 기억하고, 전략피치와 빠른 업무처리를 통하여 더욱 윈-윈인 계약을 쌓아갔으면 좋겠다.

마지막으로 내방 고객에게 계약하든 안 하든 선물을 건넨다. 내가 고객에게 쓴 시간 동안 고객도 나를 위해 시간을 써준 것에 대한 보답이기도 하고, 미지의 소개 가능성까지 열어두는 것이다. 사실 갑을 관계는 존재하지 않는다. 고객과 나는 그저 인간관계이다.

—— ◆ ——

고객과의 관계를 유리구슬 다루듯 소중하게 대하면
언제든지 구슬은 원을 그리며 순조롭게 앞으로 나아갈 것이다.

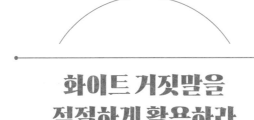

화이트 거짓말을
적절하게 활용하라

화이트 거짓말에 대해 어떻게 생각하는가. 모든 거짓말은 어떤 의도를 가졌든지 속이는 행위 자체에 나쁘다는 인식이 있지만, 우리가 일상 속에서 흔히 거짓말인 줄 알지만 믿어주는 영역, 남에게 피해를 주지 않는 영역의 거짓말은 여전히 존재한다. 바로 하얀 거짓말이다.

예를 들어보겠다. 레니게이드를 두고 오래도록 고민만 하는 고객에게 내가 원하는 색상을 추천하는 법이다. 레니게이드를 유심히 보고 궁금해하는 고객에게 레니게이드의 장점과 실용성을 설명한 후 하얀색 레니게이드가 딱 한 대 남았다고, 앞에 오셨던 고객님도 이걸 마음에 들어 하고 갔다고 전한다. 그렇게 자연스럽게 말하려면 영업직원은 이미 고객님을 만나기 전부터 차량 재고, 수량 파악 및 유동성에 대한 모든 걸 파악하고 있어야 한다. 고객님을 만났을 때 내가 팔고자 하는 차량의 정보를 흘린다. 이제 재고가 없으니 만들려면 시간이 걸릴 것이고, 시간이 지나면 가격이 올라갈 수도 있다고 말이다. 그러고 나서 일정 텀이 지나서 고객 앞에서 전화를 받는 척을 한다. 그 전화는 미리 나와 사인을 주고받은 직원이 건 전화다. 그리고 고객 앞에서 이렇게 말한다.

"아, 고객님. 네네. 레니게이드 흰색이요? 계약금 보내시겠다고요? 아, 잠시만요, 지금 다른 고객님께서 보고 계신데요. 제가 금방 다시 연락드리겠습니다."

나는 곤란한 표정으로 고객과 전화를 두고 갈등한다. 그러면 고객은 마음이 급해져 '아, 잠시만요.'라고 할 것이다. 그러면 전화를 잠시 끊고 '아, 흰색은 딱 한 대 남았는데 앞에 상담하고 가신 분이 계약금을 보내시려고 하시네요. 근데 저는 고객님과 인연이 되고 싶습니다.' 이렇게 말해보라. 사람은 본능적으로 마지막에 하나 남은 것에 소유욕이 커진다. 내가 얻은 것보다 잃은 것에 크게 반응하기 마련이다.

"고객님 어떻게 하시겠습니까? 제가 지금 상담하고 있는 분이셔서 미리 말씀드리는 게 고객님에 대한 최소한의 예의라고 생각합니다. 먼저 선택권 드리겠습니다."

"차장님 카드 여기 있어요. 바로 계약금 결제하고 오세요."

사려고 밀당하던 고객은 경쟁 상대를 인지하는 순간 마음이 급해진다. 자신에게 필요한 것이었고, 색상을 고민하고 있었기 때문에 이런 정보를 제공하는 것만으로도 결제로 즉시 이어질 수 있다.

우리는 이미 각종 화이트 거짓말의 홍수 속에서 살고 있다. 홈 쇼핑은 늘 '오늘이 마지막 방송'이고, 오늘이 마침 '최저가'이며, 재고 수량 '완판', '매진' 등 여러 구매를 독촉하는 문구와 홍보가 만연하다. 그렇다고 사람들이 거짓말이라고 생각은 하지만 거짓말로 인해 손해를 보는 것이 있는가? 구매동기를 자극해도 구매 선택은 고객의 몫이다. 아무리 독촉받아도 당장 필요가 없다면 구매 욕구는 구매로 이어지지 않는다. 부동산도 마찬가지다. 경쟁자가 있다는 사실을 알리는 것이 훨씬 계약률을 높인다. 고객님이 안 하시면 다음 분에게 넘겨드릴게요,라는 말 한마디가 곧장 50만 원의 계약금 송금으로 이어진다. 왜냐하면 고객은 지금 필요에 위해 매물을 보러 왔기 때문이다.

이렇게 큰 거래가 아니더라도 마찬가지다. 시장에서 사과 한 바구니를 팔 때도 화이트 거짓말은 '이게 마지막 오천 원이에요.'라는 말이 당장 구매를 이끈다. 사실 창고에 사과 한 박스가 쌓여있는데도 말이다. 사람은 누구나 '손실회피 심리'라고 자신에게 한번 들어온 기회를 다시 놓치기 싫어하는 법이다. 자신이 먼저 들은 말을 타인이 듣고 사지 못 하도록 바로 구매동기가 발생한다. 그리고 내심 '늦지 않게 사서 다행'이라며 두 손 무겁게 집으로 돌아간다.

색상을 고민하는 고객이 있다면 결정하게 하는 것 또한 영업사원의 역량에 달려있다. 그렇게 하면 고객님은 자신이 원하는 게 빨간색이었다고 해도 지금 흰색이 이렇게 인기가 좋고 마지막 한 대라면 이 제품을 선택하게 되어있다. 만약 사진을 보내달라고 한다면 팔고 싶은 색상의 차를 좀 더 번쩍번쩍하게 찍어 보낸다. 당신이 정말 프로가 되고 선수가 되면 고객을 판매해야 할 상품에 맞출 수가 있다. 차도 마찬가지다. 선의의 거짓말을 하더라도 자신 있고 확실하게 말한다.

"고객님 확실합니다. 믿어주십시오. 지금이 가장 쌉니다. 오늘 지나면 가격은 또 오릅니다. 고객님 진심입니다. 이건 명품백이 아니라 명품차입니다."

고객을 설득시킬 자신감이 있다면 고객은 곧 내 고객이 되는 것이다. 고객의 사정이나 용도에 맞춰서 추천하되, 내가 짠 틀 안에서 고객이 범위를 좁혀서 선택할 수 있도록 선의의 거짓말을 해야 한다.

"잘 사셨습니다. 오늘이 가장 합리적인 가격으로 구매한 겁니다.

지금까지 차를 팔면서 제 고객님들께 만큼은 가장 좋은 선팅, 가
장 좋은 서비스, 가장 좋은 선물을 챙겨드리고 정말 최선을 다해
서 드립니다. 고객님 믿어주십시오. "

어떤 고객이든 자신에게 최선을 다하겠다는 사람을 싫어할 이유
는 없다. 고객을 만족시키기 위해서 내가 할 수 있는 약간의 거짓말
을 넣었지만, 내 진심하고 내가 이 고객님께 드린 모든 마음은 그 누
구보다도 진심이다.

여기서 주의할 점이 있다. 검은색 차량을 픽해서 보러 온 고객에
게 흰색 차량이 팔고 싶다고 해서 고객에게 무조건 자신이 팔고 싶
은 것을 강요하면 안 된다는 것이다.

"고객님 검은색은 처음엔 예쁜데, 시간 지나면 잔 흠집이 생기거
나 스크래치, 먼지 가리기도 어렵기 때문에 관리가 쉽고, 유행을
타지 않는 흰색은 어떠세요?"

"저는 검은색이 좋은데요?"

이렇게 고객이 난 검은색으로 해야겠다, 하는 의지가 확실하다면
내가 팔고 싶은 것을 뒤로하고 고객의 욕구에 최대한 맞출 수 있는
정보를 제공해야 한다. 계속 흰색을 권하면 고객은 아예 아무 차량
도 선택하지 않을 확률이 높다.

"역시 보는 눈 있으세요? 고객님, 남자는 블랙 맞습니다. 아시겠지만 딱 검정 슈트 입고, 블랙카에서 내리시면 크- 자세, 간지, 그냥 끝장이죠."

차량 색상은 개인 취향이다. 어떤 색이 좋고 나쁘다는 없기에 그 고객님이 결정을 어려워한다면 여러 가지 종합적인 상황을 고려하여 권할 수도 있고, 고객이 결정해 왔다면 그 결정을 식지 않게 하는 일에 애쓰면 된다. 고객이 정말 원하는 게 있으면 거기에 맞는 상품으로 한 방에 확 당길 수 있게 윤활유를 붓는 것이다. 내 틀을 깨고 고객의 틀로 빠져들어가야 한다. 그 순간을 포착하는 센스도 영업인의 노하우다. 비단 색상의 문제뿐이 아니라, 차종일 수도 있고, 프로모션 일수도 있다. 이건 언제든지 변수가 있기 때문에 잘 조절하는 것도 당신의 능력이다.

선의의 거짓말은 용도에 따라서 정보가 된다. 어느 정도 융통성이 있게 고객님을 위해서 이 화이트 거짓말을 어느 정도 할 수 있어야 당신은 정말 프로가 되는 것이다. 이번 장에서 강조하고 싶은 것은 명백한 거짓말로 고객을 기만하면서, 고객에게 피해가 가거나, 좋지 않은 것을 거짓으로 꾸며 판매하라는 것이 결코 아니다. 절대 오해가 없길 바라며, 고객이 필요해서 이왕 사려고 마음먹고 왔다면, 적절한 정보와 멘트로 나에게 구입하도록 유도하라.

기억하라. 세일 전단 문자라도,

그것이 필요한 사람에게는 유용한 정보가 된다는 사실을.

삶의 끝자락에서 인생을 알았다

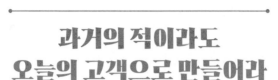

과거의 적이라도
오늘의 고객으로 만들어라

당신은 누군가를 미치도록 미워해 보거나, 반대로 누군가에게 한없이 미움을 받아본 경험이 있는가? 어느 쪽이든 유쾌하지 않은 경험이었을 것이다. 많이 억울한 감정이 들었을 것이며, 그들과 다시는 대면하고 싶지 않을지도 모른다. 나도 그랬다, 하지만 영업인은 그 어떤 누구에게도 판매라는 가능성을 선 그으면 안 된다. 결론부터 말하자면 그들은 한때 나의 적이었다. 그리고 현재 그들은 나의 우수 고객이다.

지금부터 나는 영업 인생에서 나를 가장 힘들게 만들었던 두 사람의 이야기를 할 것이다. 그리고 그들이 현재는 내게 어떤 사람들이 되었는지 말할 것이다. 꺼내기 결코 쉽지 않은 이야기다. 그들이 준 시간은 과거의 나에겐 삭제하고 싶은 인고의 시간이었으니까. 하지만 여기엔 중요한 메시지가 있다. 그래서 그 이야기를 해보려고 한다.

나는 과거에 회사의 프로모션 변경으로 인하여 우연찮게 고객과의 갈등이 커진 경험이 있다, 그 고객에게 정말 살면서 받을 모든 욕이란 욕을 다 들었다. 그 고객과 나중에 갈매기 집에서 술 먹고 풀었다. 나에게 가장 욕을 많이 했던 고객은 현재 최우수 중개인이 되었고, 나에게 사기를 치고 수감되었던 사기꾼은 출소 후 나에게 차를 구입하고, 지인들도 소개해주며 여전히 우수 고객으로 자리하고 있다.

내가 유튜브로 알려지며 점차 판매왕으로 유명세를 타기 시작할 때였다. 과거에 렌터카 동업을 제안하더니 나중에는 자금을 빼돌려 순식간에 내 모든 것을 앗아간 사람이 내가 성공하자 나에게 차를 사러 오는 황당한 상황이 발생했다.

그를 다시 봤을 때는 정말 피가 거꾸로 솟고, 발등, 입술 터져가면서 가족들과 고생했던 과거가 다시 떠오르면서 죽이고 싶을 정도로 밉고 원망스러웠다. 그러나 그의 안색은 편안해 보였다. 그리고 여전히 그는 고급 차를 몰고, 명품 시계를 차고 있었다. 그때 또 한 번 느꼈다. 세상은 공평하지는 않다는 것을. 그렇게 나쁜 짓을 저지른 사람은 고작 1년 4개월 남짓 감옥에 들어갔다 나와서 남부럽지 않게 잘 먹고, 잘 사는데, 평범하게 열심히 사는 사람들이 이 사실을 알면 얼마나 억울할까 그런 생각이 들었다.

나는 차를 계약하려는 그에게 생각할 시간이 필요하다고 했다. 그날 복잡한 마음으로 집으로 돌아가 아내와도 상의했다. 아내는 내가 다시 그에게 감정적으로 휘둘리는 것조차 허용하지 말라고 했다. 맞는 말이었다. 나는 벌써 과거처럼 그 사람의 페이스에 휘말리고 있다는 생각이 들었다. 차분해진 나는 그를 처음 온 고객처럼만 대하기로 했고, 그렇게 출고까지 이어졌다.

이후 그는 나에게 주변 사람 두 사람을 더 소개해 줬다. 출고할 때 보니 그는 집도 좋은 데서 살고 있었다. 마음을 내려두니 미움도 옅어져 갔다. 삶은 돌고 돈다. 누군가를 원망하고 미워하면 그 마음에 더 증오심이 눈덩이처럼 커진다. 나는 그걸 생각하느라 다른 것을 놓치기 쉽다. 그렇게 되면 오히려 나 자신에게는 독이 되고 해가 된다. 내가 저 사람한테 해코지해야겠다, 받은 만큼 갚아 줘야겠다, 하는 것을 스스로 동기부여하면 그런 부정적인 에너지만 계속 내 주변에 맴돌았을 것이다. 억울하고 분할수록 내가 더 성공해서 저 사람이 다 작아지게 만들어야 되겠다고 다짐하면서, 심지어 사기꾼이 제 발로 다 찾아오고 인연을 이어가려고 애쓰는 인생은 성공한 것이라 생각하기로 했다. 원수든 미워하는 사람이든 사기꾼이든 내가 열심히 하고 노력하면 다 찾아오게 돼 있다. 그래서 더 보여주고 싶다. 과거에 나는 고통과 피해를 받았지만, 이렇게 열심히 최선을 다해 올라왔기 때문에 지금은 더욱 단단해진 삶을 살고 있다는 것을 말이다. 그런데 한 가지 기억에 남는 말이 있다. 그는 출고하면서 나에게 황당한 말을 보냈다.

"준형 씨는 나한테 고마워해야 돼요. 잘 봐. 준형 씨가 잘 나가는 렌터카에서 대표였으면 여기서 먹고 자고 이렇게 악착같이 하면서 못 올라왔어. 어쨌든 내가 강제로 동기부여 줬기 때문에 준형 씨는 나한테 감사해야 해."

말은 맞는 말이었다. 하지만 내가 말했다.

"말은 맞는 말인데, 그건 형이 해서는 안 될 말이죠."

지금 역으로 생각해 보면 일말의 고마움은 있다. 왜냐하면 그가 독기를 품게 해 줬으니까. 중요한 것은 과정이야 어쨌든 왜 간절해야하고 절실해야하는지를 가슴팍에 새기도록 해준 사람이 그 사기꾼이었다. 웃어야 할지 울어야 할지 판단이 서지 않았다. 그렇지만 중요한 것은 바로 내가 그보다 성공했기 때문에 이 모든 상황이 다 해프닝이 되었다는 사실이다. 내가 다리 위에서 했던 증오가 내 노력으로 지워지고, 오히려 사기꾼이 아쉬워 나를 찾아오는 상황이 참 아이러니하다. 그와는 지금도 가끔 연락한다. 과거를 다 용서할 수는 없지만, 나는 여전히, 나를 망치는 증오나 과거의 후회보다, 나를 성장시킬 공부나 희망으로 펼쳐질 내 미래가 더 중요하다.

다음으로는 나를 많이 미워하고 제일 욕을 많이 했던 사람의 얘기를 하려고 한다. 지프에서 랭글러가 잘 되니까 사전에 계약했는데 예고 없이 갑자기 800만 원 정도를 올린 일이 있었다. 고객 입장에서는 계약 당시와 다르게 오른 돈으로 잔금을 치러야 한다고 하니 캔슬 전화가 많이 왔다. 회사가 갑자기 돈을 올렸는데 고객의 입장에선 회사나 판매직원이나 같이 횡포 부리는 것으로 느껴져 더 화가 났을 것이다. 그중 한 고객이 40분을 욕했다. 가만 안 두네, 죽이네, 살리네. 100% 회사의 잘못이라고 생각해서 죄송하다는 말을 전하고 20분만 후에 다시 전화 달라고 했다. 20분 동안 동료들은 그냥 취소해주고 말지 왜 그렇게까지 욕을 다 듣고 있냐고 그 사람에게 팔지 말라고 했다. 하지만 나는 절실했다. 그리고 고객에게 나까지 화내거나 돌아서면 안 된다고 생각했다. 다시 전화를 받아서 욕을 먹기 시작했다. 점점 심한 욕이 나왔다. 솔직히 화도 났지만 참았다. 나는 오늘 욕먹는 역할이다. 오래 살 수 있겠다, 하면서 침착하려고 노력했다. 한참이 지나니까 그분이 먼저 사과했다. 두 번째 전화도 40분 정도 지났는데 화도 내지 않고 들어줘서 고맙고 미안하다고 했다. 나는 그제야 발언권이 생긴 것이다.

🧑 "아닙니다. 충분히 마음 이해합니다. 계약도 해지도 해드리고, 손해 보신 것만큼 100% 못하지만, 제가 선물로 그만큼 보상해서

집으로 보내드리고, 어쨌든 의도치 않게 상심 끼쳐 드려서 죄송합니다. 꼭 이 차가 아니더라도 다음에 인연 되면 제가 꼭 새 차 뽑으실 때 최선을 다해서 도와드리도록 하겠습니다. 죄송합니다. 이번 계약은 빼 드릴게요. 너무나 민망하고, 죄송합니다."

나는 떨리는 목소리로 준비한 대답을 했다. 그랬더니 그는 갑자기 누가 계약을 취소하라고 그랬냐면서 계약한 차는 계획대로 할 거라고 했고, 결국 출고까지 이뤄졌다. 이 고객은 BMW X5를 타는 사람이었는데 추가로 랭글러를 사는 것이었다. 출고하면서 만났을 때 그 고객은 나를 그냥 못 보내겠다고 근처 갈매기살 집으로 데리고 갔다. 그날 기억나는 게 고깃집에서 둘이 밤새 술 마시고 사과하고 끌어안고 하면서 의형제를 맺었다. 욕하고 화를 냈던 만큼 그게 미안한 게 컸다고 말하는 그는 지금 나의 가장 우수 고객이 되었다. 뒤돌아보면 많이 괴롭히던 사람이 찐 팬이 되면 무서울 정도로 또 많이 도와준다. 내가 농담으로 물은 적이 있다.

👤 "형님! 왜 이렇게 목숨 걸고 소개해 주는 거예요?"
👤 "야, 내가 너한테 말로 그때 멱살 잡고, 흔들고, 힘들게 했잖아."

악인이 돌아서면 되게 무섭게 은인이 된다. 당시에는 나를 정말 힘들게 하고 괴롭혔는데, 이 사람이 진심으로 미안함을 느끼면, 만회를 위해 악착같이 잘해준다. 기업 부장인 그는 직원들과 주변 사람에게 본인이 차량 설명 및 홍보까지 해주고 와서 계약만 나에게 하도록 만들었다. 시승도 필요 없다. 이미 그가 다 설명하고 태워줬다고 했다. 나는 계약서 쓰고, 출고하고 인사만 하면 끝나니 반만 영업하면 되었다. 이렇게 될 수 있었던 건 아무리 적이라도 끝까지 인간적인 예의를 갖춰서 내 편으로 만들어두었기에 가능했다. 상대에게 이런 느낌을 줘야 한다. '이 친구가 나에게 차를 파는 게 아니라, 내가 이 친구에게 차를 사주고 싶다.'라는 느낌. 이 느낌을 만들면 얼마든지 쉽게 영업을 할 수 있다. 수많은 전략도 있지만, 진심을 넣어 상대의 마음을 움직여라.

—— ◆ ——

당신이 어제의 적을 오늘의 고객으로 만들 수 있다면
그들은 내가 말하지 않아도
알아서 내일의 잠재 고객을 불러줄 것이다.

5장

영업직원이
착각하기 쉬운 것
〈고객응대 편〉

단점이 없다고
말하지 말라

누군가 제품에 관해서 물어올 때 무조건 좋다며 단점이 없다고 말하는 순간, 고객은 영업사원에게 신뢰를 잃는다. 이후 설명은 더 들을 필요가 없다고 생각한다. 그럴 땐 그냥 솔직하게 단점을 오픈하고, 앞서 말한 바와 같이 이 단점이 커버가 되는 장점을 언급하면서 경쟁사와의 차이는 무엇인지 중립적인 입장으로 차분히 설명해야한다. 그러려면 제품에 대한 완벽한 이해와 지식이 선행돼야 할 것이다. 고객들은 비싼 차를 구매하는 것이니 꼼꼼히 알아보고 공부한후에 방문할 것이다. 알고도 물어보는 경우가 많다. 고객보다 더 알고 있어야 일단 믿고 듣는다. 이 세상에 단점이 없는 것은 없다. 장점 역시 마찬가지다. 어느 쪽에 더 가치를 두느냐로 선호도가 나뉠뿐이다.

고객의 취향에 맞춰서 설명하려면 본인이 자기가 파는 물건, 파는 제품에 대해서 장·단점, 그리고 유불리를 100% 체득하고 있어야만 단점을 오히려 장점으로 살릴 수가 있다. 또 단점을 장점으로 승화시킬 수 있을 만큼 제품에 대해서 다양한 각도로 고민하고 연구해야 한다. 그래야 상담할 때 자신 있는 모습으로 권할 수 있다. 그러면 당연히 계약률이 높아질 것이다. 나는 고객들이 차에 대해서 장·단점을 물어보면 솔직히 얘기한다. 고객이 우리 매장에 벤츠를 타고 방문했다고 가정해 보자.

"지금 고객님이 타고 온 벤츠가 저희 랭글러보다 승차감도 훨씬 좋고, 이 시그니처 삼각별은 언제 봐도 최고입니다. 다만 저희 랭글러만이 가진 확실한 장점도 있습니다. 보시는 바와 같이 사륜구동의 튼튼함은 세계 최초라서 어디 비교할 데가 없고, 눈길이든 빗길이든 어디든지 갈 수 있어 자신감을 가질 수 있습니다. 게다가 낭만을 자극하는 이런 지프 특유의 감성은 그 어떤 차도 따라올 수 없습니다. 또한 복잡한 전자 장비가 없기 때문에 잔고장이 없어요. 왜냐면 복잡할 게 없으니 고장 날 게 없거든요."

이쯤 되면 고객님들은 나의 넉살에 경계를 허물고 웃기 시작한다. 그러면 나는 제품 설명에 박차를 가한다.

"투박한 것 이것은 정말 매력입니다. 타 업체의 휘황찬란하고,

194

반듯하며 멋진 모델도 좋은데, 우리 랭글러는 랭글러만의 고유한 매력이 있습니다. 특히 캠핑할 때 더할 나위가 없죠. 저도 랭글러를 타지만, 저희 아내도 투박한 게 이 랭글러의 매력이래요. 여기 보시면 랭글러를 타고 캠핑하는 제 가족들의 모습입니다."

나는 영업왕을 해서 받은 여러 종류 차량으로 미리 아이들과 캠핑 다니면서, 여러 연령대에 맞게 사진을 찍어 두었다. 따라서 캠핑용 차량을 보러 온 고객의 자녀나 조카의 또래처럼 보이는 사진을 자연스럽게 노출할 수가 있다. 그러려면 그전에 고객과 어느 정도 스몰토킹으로 기초 정보가 확보된 상태여야 할 것이다.

만일 고객이 레니게이드를 사러 왔다면 내가 타는 차도 레니게이드라고 말하면서 해당 차량을 배경으로 찍은 사진을 보여주고, 체로키면은 체로키, 랭글러면 랭글러를 말한다. 실제로 차종별로 있을 때라서 사진을 구하는 건 어렵지 않았다. 내가 화목한 사진을 보여주면서 고객에게 딱 이런 모습으로 캠핑을 간다고 하면 확률이 높아진다. 내가 앞서 고객이 관심이 있는 차를 나도 탄다고 말했는데, 이것도 하나의 선호도를 강조하는 화법이다. 내가 상대에게 가진 이미지에 따라서 이 화법은 호감과 동질감을 동시에 끌어낼 수 있다.

"내가 좋아하는 사람이 내가 관심 있던 차를 이미 타네."
"매장 직원이 탈 정도면 이 차가 제일 괜찮은가 보네."

삶의 끝자락에서 인생을 알았다

이러한 생각이 들면 훨씬 계약률은 높아진다. 물어본 사람한테 해당 차만을 가지고 있다고 얘기하는 것만으로도 고객의 구매 결정에 도움이 되는 것이다. 그 이유를 생각해 보면, 유명한 박사님이 어떤 브랜드의 전자계산기를 쓴다고 하면 그 전자계산기의 값은 더 올라간나. 그리고 판매자가 직접 타는 차라면 고객의 의식 한구석에는 분명 직원이 다 비교하고 따져봐서 고른 제품이었나 보다 하는 확신이 생길 수 있다. 고객이 처음 망설였던 단점이 기억나지 않을 만큼 장점과 가치를 끌어올리는 것이 중요하다. 신뢰를 얻어야 다음이 있다. 신뢰를 잃으면 다음이 없다는 걸 명심하자.

만일에 내가 파는 제품에 장점이 찾아보려야 진짜 눈 씻고 봐도 찾을 수가 없다고 한다면, 사실은 팔면 안 되는 것이고, 그럼에도 팔아야 한다면 단점을 최소화해서 노출하는 것이다. 거기서도 만일에 똑같이 단점을 더 많이 부각했는데, 아무리 생각해도 장점으로 못 덮겠는 상황이 오면 그럼 그냥 단점으로만 활활 불타버리는 것이다. 단점으로 불은 질렀는데 앞에 말했듯이 장점인 소화기가 훨씬 더 크다면 상관이 없다. 오히려 고객에게는 이 친구 솔직하네, 하는 평판을 만들 수도 있다. 한데 아무리 생각해도 장점이 없다면 그대로 끝이다.

미리 뿌려놓은 단점에 대한 이미지를 고객에게 없애야 한다. 따라서 장점이 적은 경우엔 장점에만 맞춰서 단점을 얼만큼 공개할지 미리 생각해 두고 본인의 능력에 따라서 조절해야 한다. 솔직한 답시고 단점만 구구절절 늘어놓는 영업사원은 말하지 않아도 없을 것이다. 본인이 제일 잘 알 것이다. 그리고 특히 히든카드 같은 약점, 누구도 알면 안 되는 약점이 있다면 이 것을 오픈하는 사람은 없을 것이다. 그걸 오픈하는 순간 세일즈는 끝난 거니까. 그래서 히든카드 비밀은 감추되 오픈해도 크게 장점으로 감출 수 있는 단점은 오히려 오픈해 주는 게 효과가 크다. 왜냐하면 솔직해야 상대도 믿는다.

보통은 아무리 단점이 있더라도 단점을 커버할 장점이 있기 마련이고 상품은 판매되는 이유가 있을 것이다. 판매 강점에 주목하라.

———— ◆ ————

내가 좋은 상품을 파는 데, 의기소침할 필요가 없다.
더 당당해도 괜찮다.

겉모습으로 사람을
판단하지 마라

영업직을 하다 보면 동료들에게서 계약을 '할 사람'과 '안 할 사람' 이라는 말을 참 많이 듣는다. 실제로도 일상에서 만나는 사람 중에 대다수는 내가 판매하는 차와 무관해 보이기도 한다. 한데 중요한 것은 사람의 인생은 한 치 앞을 모른다는 데에 있다. 나는 여전히 내 곁을 스치는 모든 인연에서 잠재 고객의 가능성을 발견한다.

내 생각이 이렇게 확장될 수 있었던 에피소드가 있다. 첫 번째 에 피소드는 국산 차 영업할 때의 일이다. 항상 타고 다니던 마을버스 가 있었다. 버스 탈 때마다 나는 버스 기사님께 명함을 주면서 기아 자동차 막내 김준형입니다. 하고 껌이나 사탕을 드렸다. 그 뒤로는 얼굴을 익혀서 수시로 뵐 때마다 인사만 했다. 일하면서 인사가 습 관이 되어 자연스럽게 기사님께 그렇게 한 것이었다. 기사님은 늘

인자하게 웃으며 인사를 받아줬다. 그게 다였다. 그러던 어느 날 모르는 번호로 전화가 왔다. 버스 기사님이 '김준형 대리 맞나? 자네 우리 집으로 한번 와봐.'라고 했다. 영문을 모른 채 소개 건이 있나 싶은 마음에 달려갔더니, 갑자기 기사님이 카니발을 계약하자고 말했다. 버스 운전기사가 박봉일 거라는 편견이 있었던 건 아니지만, 평소에 검소한 느낌이 났던 기사님이라서 무리하는 건 아닐까 싶었다. 나는 넌지시 기사님께 경제적 여력이 괜찮은지를 물었다. 나름 조심스럽게 소신껏 물었는데, 옆에 앉아계시던 사모님이 입을 가리고 소리 내서 웃었다. 사모님은 가만히 로또 1등 되었다고 수줍게 웃으면서 알렸다. 당첨금은 자그마치 17억 5천 정도였다. 그때까지는 주변에서 당첨자를 본 적이 없었기 때문에 액수에 놀라고, 그런 당첨금에도 동요하지 않는 기사님의 자제력에 두 번 놀랐다. 평소에 밝은 이미지와 가벼운 인사로 친분만 쌓아뒀을 뿐인데도, 그날 기사님은 나에게 거액의 카니발을 일시불로 사 주셨다. 기사님은 내가 밝게 인사하면서 나를 소개할 때마다 언젠가 내게 도움을 주고 싶었다고 말했고, 지금이 그 기회인 것 같다고 전했다. 사람은 언제 어떻게 인연이 될지 모른다. 살다 보니 그런 감동 또한 예상치 못하게 찾아왔다. 버스 기사님은 여전히 수유리에서 버스를 운행하신다.

두 번째로 렉서스 강남 전시장에서도 비슷한 일화가 있었다. 토요일이었다. 그때도 나는 매출이 잘 나오는 영업사원이었다. 전시장은 토요일 점심시간 이후가 고객이 붐빈다. 그 시간대가 가장 바쁘다.

그때 노란색과 갈색으로 투톤 염색을 하고 양손에 카탈로그를 많이 들고 온 연인이 있었다. 짙은 부산 사투리를 쓰는 걸로 보아 지방에서 막 기차 타고 올라와서 서울 전시장을 투어 하는 느낌이 났다. 나이 많은 팀장님이 나에게 대충 말하고 보내라고 눈 시인을 줬다. 카탈로그 가지러 왔겠거니 하고, 카탈로그 주고 보내려는데 삼십 살쯤 보이는 남자와 대학생 졸업반쯤으로 보이는 여자는 계속 뭔가를 물어보았다. 길어질 것 같냐고 눈치 주길래 나는 가서 길어지면 내가 그냥 상담하겠다고 하고, 세 팀을 놓치면서까지 2시간 조금 넘게 그들에게 하나하나 설명을 해주었다. 나는 자동차 판매원이니까 잘 아는 것이지만, 항상 설명할 때는 고객님은 자동차에 대해서 모른다는 전제하에 최대한 이해하기 쉽도록 설명하려고 애썼다. 그렇게 설명을 듣고, 그 둘은 카탈로그를 받아서 돌아갔다. 가고 나서 잠시 앉아 있는데 팀장님이 다가왔다.

"준형아. 뭐 하러 거기에다 힘을 빼며 사서 고생을 하니. 딱 봐도 인마, 지방에서 수입차 여기 전시장 투어하러 왔구먼."

그때 나는 그냥 웃고 말았다. 정확하게 그다음 주 토요일 날 미도파 상계점 식품매장 푸드코트에서 음식을 먹고 있을 때 국제 전화가 왔다. 안 받을까 하다가 뭔가 이상해서 받았다. 전화 수신국은 이태리였다.

"안녕하세요, 혹시 저 기억나세요?"

"예 누구시죠?"

👤 "저 지난주에 부산에서 올라온……."

👤 "아, 예 기억납니다. 지난 토요일 점심 이후에 다녀가셨던 고객님이시죠?"

그는 그때 봤던 GS 350을 사고 싶다고 말하며, 얼마를 보내면 되냐고 물었다. 그래서 종이가 없어서 대략 10% 계약금 부르고, 확인 후에 다시 재조정하려고 하는 사이에 10분 만에 바로 먼저 알려준 금액이 입금이 되었다. 나중에 봤더니 그 사람도 로또 1등이었다. 이후 나는 김해 공항으로 출고를 갔다. 그가 여자친구와 함께 오길래 물어봤더니, 부모님한테는 당첨 소식 얘기 안 하고 월계동 쪽에다 아파트 한 채 사놓고, 둘이서 세계여행 다니고 있다고 했다. 외제차 한 대쯤 필요할 것 같아서 출고하는 거라면서. 그들은 전 주 토요일에 외제차 전시장 8군데를 돌았다고 했다. 그중에 한 곳이 내가 있던 렉서스 전시장이었는데 두 사람이 느끼기엔 내가 제일 친절하고 성심성의껏 설명했기 때문에 그래서 무조건 나에게 하기로 했다고 전했다. 그때 나는 한 번 더 외모나 겉모습으로 사람을 판단하고 단정 지으면 안 된다고 생각했다.

마지막으로 나는 오래 전시장에서 지내기도 했었고, 늘 새벽에 출근하기 때문에 미화원이나 경비원분들과 친분이 두텁다. 평소에 커피도 같이 나눠 마시고, 바빠 보이면 내가 직접 타드리기도 한다. 함께 이런저런 이야기를 하다 보면 아들이 외제차 뽑으면 나를 꼭 연결해 주겠다고 한 마디씩 하셨다. 지프에 재입사를 했을 때 경제적으로 어려웠던 시기였기 때문에 직원들 다 마시는 녹즙도 주문하지 못했다. 한동안은 녹즙 여사님이 오셔도 인사만 할 뿐 녹즙을 사 먹을 수가 없었다. 그런데 내가 전시장에서 지내다 보니 인간적으로 고생한다고 인사드리고 안부를 묻고 교류를 했다. 여사님은 가끔 남는 녹즙을 한 개씩 선물로 주셨다. 감사해서 나도 내가 추워서 데워 둔 핫팩을 나눠 드리거나 회사 제품 판촉물이나 커피를 드리기도 했다. 실제로 녹즙 여사님은 신입인데 열심히 하는 친구가 있다면서 여동생의 남편이 그랜드 체로키 SUV 알아보는데 전화해 보라고 쪽지로 번호를 알려주었다. 그리고 같은 라인에 녹즙 판매처인 보험회사 쪽 부 지점장님도 연결해 주었다. 그래서 두건 모두 출고까지 되었다. 녹즙 여사님은 아무한테도 말하지 말라고 했다. 다른 직원은 심지어 녹즙도 배달해 먹는데 이 사실을 알면 아마 서운해할 거라며 말이다. 나는 진심으로 감동했다. 내 인간적인 모습만으로 소개를 받는 게 감사했다. 정말 언제 어디서나 첫 느낌과 첫인상을 바르게 하려고 노력했다. 우연으로 만나서 인연으로 만드는 것도 기술이다. 어떤 사람도 내 고객이 될 수 있기 때문에 행동을 조심해야 한다. 이론은 쉬운데 실전이 어렵다. 진짜 저 사람은 살 수 없겠다고 생각되는 사람도 언제고 고객이 될 수 있는 게 우리 영업직이다.

겉모습이 다가 아니다.

부자인데 검소할 수도 있고,

가난한데 화려할 수도 있다는 걸 기억하자.

고객을 빈손으로
보내지 말아라

초보 영업사원들이 소홀히 하는 게 하나 있다. 바로 고객에게 주는 기념품 내지는 선물이다. 고객에게 주는 선물을 아까워하는 영업직원이 생각보다 많다. 누구나 고가의 차량을 계약한 고객에게는 간이든 쓸개든 다 빼줄 것처럼 깍듯하게 대한다.

🧑 "고객님 여기 준비된 선물 있습니다. 불편하신 점 생기시면 언제든지 연락 주시길 바라며 안녕히 가십시오."

말하면서 고객의 뒷모습이 보이지 않을 때까지 인사하며 예우를 한다. 문제는 고객이 차량 견적을 상담받고, 시승도 하고, 직원이 노력했지만, 결과적으로 계약은 안 하고 돌아서는 고객들도 반드시 존재한다. 그러면 실적의 기대에 부풀어 있던 영업직원은 허탈해하거나, 불만스러운 표정을 감추지 못하고 드러낸다. 고객에게 불편한 마음을 고스란히 전이시킨다. 당장 구매를 하지 않더라도 그냥 스쳐 지나가는 인연이 아닐지도 모르는데 가능성의 싹을 잘라버리는 것이다. 인연은 부메랑처럼 어떻게 돌아올지 모른다. 그러니 고객이 그냥 간다고 해도 영업사원으로서 지킬 예의는 끝까지 차려야 한다.

> 👤 "고객님! 잠시만요. 제가 고객님에게 이렇게 선물을 준비했습니다."

　나는 대단한 게 아니더라도 구매 고객이나 잠재 고객, 그리고 주변 사람에게도 선물하는 것을 좋아한다. 아마 자동차 영업사원들은 더욱 잘 알 것이다. 골프 우산, 텀블러, 무릎 담요, 머그컵, 키링 등등 생각해 보면 진짜 영업에 활용할 판촉 제품이 많다는 것을 말이다. 여기에 더해서 나의 경우엔 와인도 넉넉히 준비해 놓는다. 요즘엔 5천 원에서 8천 원 사이면 꽤 근사한 맛을 내는 와인도 시중에서 많이 판매된다. 선물은 가격이 중요한 게 아니라 마음이 더 중요하다는 뜻이다. 앞서 언급했듯이 계약을 안 하고 가더라도 선물은 꼭 챙겨 드린다.

> 👤 "고객님 이렇게 만난 것도 인연인데 선물 준비했습니다."
> 👤 "저는 계약도 안 했는데, 이런 선물을 줘도 돼요?"
> 👤 "당연하죠. 고객님과 만나서 이야기하게 된 것만으로도 저에겐

즐거운 경험이었습니다. 비록 지금은 인연이 되지 못했지만, 혹시라도 나중에 주변에서 누가 지프를 물어보면 저 김준형 팀장 꼭 한대만 소개해 주십시오."

이렇게 말하고 넉살 좋게 웃는다. 구매하지 않고 귀가하는 고객에게 부담을 주지 않는 선에서 가볍게, 그러나 확실하게 여지를 남겨두는 것이다. 소개해주겠다는 확답을 받은 것은 아니지만, 그 고객은 어딜 가나 누가 지프 얘기를 하면 바로 나를 떠올릴 수가 있다. 왜냐하면, 지프 차량과 관련하여 나에게 고맙거나 미안한 기억이 남아있기 때문에 그렇다.

평소에도 고객에게 선물 줄 때도 말과 태도가 중요하다. 택배로 보내는 것과 고객에게 댁이 먼데 서울까지 와주셔서 감사하다며, 얼굴을 보고 직접 감사를 전하는 선물은 같은 물건일지라도 천지 차이다. 그리고 지방 출고하러 가더라도 근처에 계신 고객님들께 선물을 전하면서 농담으로라도 '이거 고객님께 드리려고 제가 여기까지 왔습니다.' 하며 인사를 하는 것이다. 사실은 출고도 있어서 왔는데 그분한테는 이 선물을 전하러 달려왔다며 너스레를 떨고, 간단하게 커피를 마시거나 편의점에서 가볍게 음료를 사 먹거나 하면서 안부 인사 나눈다. 이렇게 잠깐 다녀가더라도 고객에게 나의 방문 또한 기분 좋은 선물이 될 수 있도록 노력한다.

특히 연말에 다이어리 나오면 꼭 챙겨서 지방을 돌면서 계속 관계를 이어가는 고객 몇 분에게 연말 인사와 덕담을 건네며 산타처럼 선물을 주고 온다. 다이어리는 잘 안 버리고 쓰기 때문에 거기에 새겨 놓은 번호와 명함이 또 1년 동안 나를 홍보해 주는 수단이 되기도 한다. 얼굴 보고 줄 수 있는 게 가장 고객들이 감동하는 데에 효과가 좋았다. 그래서 될 수 있으면 직접 얼굴 보면서 '고객님이 너무 보고 싶어서 이렇게 왔어요.' 하고 말한다. 그러면 고객들이 작은 선물에도 아이처럼 기뻐하는데, 그러면서 두 사람 사이에 보이지 않는 연결고리가 계속 생겨나는 느낌이 든다. 나는 작은 선물을 하지만, 돈 주고도 살 수 없는 기분을 선물 받는다. 간혹 고객들이 내가 준 카준형 스티커나 내 명함을 가지고, 내게 차를 샀다고 자랑처럼 말하고 소개해 줄 때는 내가 하는 모든 일이 모여서 이런 감동을 주는구나 하는 생각이 들었다.

일부 직원들 중에는 자신들의 술값이나 오락에는 아낌없이 돈을 쓰면서도 고객들에게 쓰는 선물에는 인색하고 아까워하는 직원들이 있다. 하지만, 그렇게 아까워하며 주는 선물은 바로 받는 사람에게도 티가나기 마련이고, 받는 이 또한 크게 감동하지 못한다. 큰 것을 주라는 것이 아니다. 작은 선물을 주더라도 그 선물에 어떤 마음을 담았는지, 어떤 생각으로 그 선물을 주게 되었는지를 생각하면 된다. 비단 2천 원짜리 거울 닦이를 주더라도,

207
삶의 끝자락에서 인생을 알았다

"이게 초극세사 윙으로 만들어져 미세한 얼룩까지 다 지워진대요. 고객님이 사이드미러를 닦으시며 항상 안전하시라는 마음으로 준비해 봤습니다. 별건 아니지만 휴대하면서 종종 도움이 되셨으면 좋겠습니다."

이렇게 마음을 덧붙이는 멘트를 덧붙이는 것이다. 실제의 마음은 금액적 가치로 환산할 수 없는 것이기 때문에 고객은 가끔 거울닦이를 쓰면서 그 마음을 떠올릴 것이다.

사람의 인연은 돌고 돌아서 언제 어떤 방식으로 다시 만날지 모른다. 지금 당장 계약을 안 했더라도, 상대를 미안하게 하고, 더 잘하면 상대는 다른 방식으로 보답할 수도 있다. 보통은 계약을 한 사람한테 주는 것은 당연하게 느끼지만, 계약을 안 한 사람한테도 선물을 주면 받는 사람은 이게 뜻밖의 선물이라 더 큰 감동으로 다가온다. 조그만 선물 하나도 마음이 담겨 있으면 심지어 커피 쿠폰 하나를 주더라도 감동으로 다가오는 것이다. 돈이 많이 없어서 정말 작은 것밖에 줄 수 없다면 손님께 어필하면 된다.

"제가 비록 신입사원이지만 고객님을 위해서 이렇게 약소하게나마 준비했습니다."

———— ◆ ————

사실 고객은 큰걸 바라지 않는다.

작은 것이라도 생각해 주는 그 진심 어린 마음,

그 마음이 그저 고마울 뿐이다.

고객과 정보대결을
하지 말아라

강남 전시장에 있다 보면 특히 돈 많은 집 자녀들이 자주 온다. 그들은 차에 대해 잘 알고 구매력도 있으며 차에 관심이 많다. 가볍게 와서 직원들과 스몰 토크를 하며 차에 대한 정보를 묻고 가기도 한다.

이 상황에서 내가 교정한답시고 정정하면 고객은 바로 무안함을 느끼면서 기분이 상할 것이다. 고수는 여기서 어느 정도 비슷하면 감탄하면서 '어떻게 아세요? 기가 막히네요.'하고 대응한다. 하지만 하수는 자신이 더 정확히 알고 있다면서 잘난 체를 한다.

고객의 표정은 보지도 못한 채 막 자신의 얘기를 하면서 고객의 틀린 점을 지적할 것이다. 그러면 안 된다. 손님한테는 손님이 무조건 맞는 것이다. 간혹, 손님이 나 여기 이 정도 지식이 있고, 돈 많고 자랑하려고 왔는데, 거기서 직격탄으로 그 토크 몇 마력 그게 뭐가 중요해. 하고 넘어가야 하는데 가끔 욱하는 친구도 있다. 사람들 앞에서 무안을 줬다고 생각할 수도 있다.

이것도 사람 성향을 봐서 해야 한다. 어떻게 이렇게 잘 아느냐고, 나중에 차 구매하면 저 좀 많이 알려달라고, 저도 공부 많이 하는데 이렇게 잘하는 분한테 배우면, 더 많이 팔 수 있을 것 같다고 말하면 좋아한다. 멘트를 쓰려면 이렇게 써야 한다. 고객과 영업직원이라는 것을 잊지 말아야 한다. 상하관계를 뜻하는 것이 아니다. 서로 기분 상해 좋을 것 없다는 말이다.

영업직원 중에는 정말 그거를 계속 걸고넘어지는 친구가 있다. 고객은 정보의 진위와 상관없이 괘씸하게 생각한다. 고객 입장에서는 벌써 눈빛이나 태도, 말투 등 외적인 부분에서 기분이 상한다. 별 차이 없으면 그냥 넘어갈 수 있어야 한다. 사실은 1마력 2마력 차이가 나도 웃으면서 아까 같이 277마력인데 280마력이라고 하고, 39.6 토크인데 40 토크라고 그러더라도 조금씩 차이 나는 것 가지고, 딱 집어서 아닌데요, 하고 딴지를 걸어버리면 벌써

띠리링. 고객 마음이 떠났습니다.

이렇게 되는 것이다. 이럴 때는

🧑 "와 놀랍네요. 어떻게 이렇게 잘 아세요? 주변 분들에게 차 알려주시면서 저 좀 소개해주세요. 차 출고하셔서 이렇게 정보 많이 아시면 기능도 주변에 저보다 훨씬 더 쉽게 설명해 주실 텐데 주변 분들이 관심 가질 수도 있잖아요."

이렇게 말한다. 그러면 그분도 민망하면서도 기분 좋아서

🧑 "카준형님이 더 많이 아시잖아요? 제가 아는 것 모르셨어요?"
🧑 "저도 맨날 공부하고 배웁니다. 알고 있었지만, 이렇게 들으니 알고 있던 것을 어떻게 설명하는 게 좋을지 또 고객님께 힌트를 얻네요."

이렇게 고객에게 나는 당신을 가르치는 선생의 입장이 아니라 우리는 똑같이 같이 배워가는 입장이라고 강조한다. 이처럼 동등한 입장을 내세워 말하면 서로 기분이 좋아지면서 그 안에서 서로가 원하는 니즈를 적절히 섞어서 대화를 이어나갈 수 있다. 여기서 만일 내가 전국 1등 판매직원의 명예를 걸고 정확히 말해주지, 하면서 하나하나 꼬집고 트집 잡는다면 고객은 살 마음은 당장 떠나갈뿐더러 기분까지 나빠서 애프터 없이 돌아갈 확률이 커질 수가 있다.

🧑 "연비 이거 연비 이거 10kg 나오죠?"

🧑 "아니요. 8.3입니다."

이렇게 답하지 말고,

🧑 "네 맞습니다. 10kg 가까이 나옵니다."

이렇게 답해보면 어떨까? 조금의 유연함을 발휘하여 고객도 나도 편안하게 서로의 목적을 향해 동행하는 것이다.

군이 대결 구도로 가서 마음 상하고 아무런 소득도 없이 신경 소모전을 할 필요가 없다는 것이다. 사람은 감정의 동물이라서 처음엔 웃으며 시작한 말도 사용하는 단어나, 상대방의 무성의한 태도나 자세, 대응에 따라서 화내며 마무리되기도 한다. 손님이 실수해도 중요한 게 아니면 지적하지 말고 흐름으로 가는 것임을 명심하자.

———— ◆ ————

어찌 보면 사소하고 디테일한 차이인데,
고객의 감정이 상하면 계약으로 이어지지 않는다는 사실이
그 사소한 차이의 대가인 것은 참으로
사소하지 않은 결과이다.

화난 사람
부채질하지 말아라

자동차 영업을 하다 보면 자연스럽게 AS가 발생할 수 있다. 이럴 때
는 당장의 상황 모면보다는 몇 수 앞을 내다보는 여유를 가질 수 있
어야 한다. 조급하게 행동해 신뢰를 잃었다가는 더 큰 것을 잃을 수
있다. 손님이 아무리 욕하든 뭐 하든 고객에게 사과하고 손님 입장
으로 공감해 주면 나중에 욕하던 손님도 시간 지나고 하면 미안해
한다. 그런데 거기서 어떤 신입 직원이 대뜸 내가 만들었어요? 하
고 되묻기 시작하더니 '왜 나한테 1시간 동안 욕을 하세요. 우리 부
모님한테도 안 먹는데'하면서 언성을 높였다. 이러면 고객은 그때부
터는 '차가 아니라 네가 싫어. 너 기다려 내가 갈 거야.'가 된다. 나는
같은 상황이면 연극기법을 동원한다. 오늘 나는 저 연극 주인공인데
오늘 맡은 역할은 죄송해요. 만 하는 욕만 바가지로 먹는 역할을 맡
았다고. 오래 살고 좋다, 내가 이런 배역 언제 맡아보냐, 이런 식으로

트레이닝한다. 한데 이게 익숙하지 않은 신입 직원들은 고객의 고성에 욱하고 싸우다가 그만둔다. 하지만 도망이랍시고 딴 데 가도 그 손님 또 만나고. 똑같다. 급하고 위급할수록 빨리 붙어서 서둘러 끝내는 게 낫다. 고객에게는 회사, 그 나쁜 놈들 가만두지 말자고. 뭐라도 잘못되면 소비자보호원에 같이 고발하자고 말한다.

"제가 어떻게든 책임질게요. 고객님 편에서 어떻게든 싸우겠습니다."

그러면 고객은 영업사원만은 내 편이라는 생각에 조금은 안심하고 풀린다. 나는 후배 직원들에게도 잘못하거나 문제 생기면 매도 먼저 맞는 게 낫다고, 빨리 대처해서 풀어야지 억지로 막으려고 하면 문제 생긴다는 걸 꼭 강조한다. 손님한테도 먼저 얘기한다. 아무리 욕하든 뭐 하든 똑같다.

"고객님 진심으로 죄송합니다. 집 다음으로 비싼 게 자동차인데 충분히 속상할 만한 부분입니다. 저는 끝까지 책임지고 고객님의 편에서 제가 도울 수 있는 최선을 다하겠습니다."

어떻게든 많이 사과하고 고객 편에 서겠다는 것을 일관되게 강조하면, 나중에는 계속 욕하던 사람도 마음이 점차 풀리면서 미안해한다.

"그래, 이거 김준형 팀장이 만든 것도 아닌데, 내가 욕 너무 많이 했네."

이렇게 하면 같이 해결로 나아갈 수 있는데 그 과정을 견디지 못하고, 같이 화를 내면 고객은 이미 돌이킬 수 없이 분노에 휩싸인다. 팔 때는 잘해주더니 팔고 나니 안하무인이네 하는 말이 단번에 나오는 것이다.

예전에 나도 진심을 다 했지만, 돌이킬 수 없는 경우도 있었다. 영업하다가 제일 마음 아플 때는 10번 잘했다가 한 번 못하면 완전 적이 될 때이다. 처음에는 참 억울했다. 내가 10번을 잘했는데 고객님은 한 번 못한 것만 생각하면서 앞의 좋았던 걸 다 잊는 것 같아서 허무했다. 그때 오해가 되었던 일이 우리 서비스 센터에서 안 되는 거라서 안된다고 말했는데, 다른 데 전시장을 갔더니 거기에서 우리 영업점을 안 좋게 말을 한 것이었다. 그때 그 고객분은 오해가 증폭되어 화를 쏟아내기 시작했다. 그때 나는 열심히 억울함을 설명했다.

오해를 풀고자 무조건 사과로 직진했지만, 고객의 기분은 바뀌지 않았다. 그럴 때는 나도 맥주 한 캔 마시고 빨리 잊으려고 노력한다. 모두 잡을 수는 없기 때문이다. 무조건 사과하고 고객의 편이 되어야 한다고 했지만, 그럼에도 고객이 풀지 않으면 그건 방법이 없다. 세상 모두에게 좋은 사람이 될 수 없다고 마음을 고쳐먹는다.

내가 오래 잘했는데 한 번 실수하면 안 되니까 항상 긴장해야 되고, 노심초사하고 그 칼날 위에 서 있는 것 같다. 나도 늘 두렵다. 나름 열심히 했건만 사람이 완벽할 수는 없으니, 뭔가 하나 마음에 안 드는 부분이 생기면 고객과 멀어지기도 한다. 노력은 해도 가슴은 아프다.

그래도 끝까지 시도는 한다. 멀어진 사람의 마음을 돌리기 위해서 사과할 때 카카오톡으로 해서 음성 메시지 녹음해서 보낸다.

"고객님 죄송합니다. 제가 10번 잘해도 한 번 잘못해도 제 잘못인데 너무 가슴이 아프고 죄송합니다. 앞으로 저 말고 다른 분을 해도 좋지만, 이것 하나만 기억해 달라고 진심으로 죄송하고 혹여나 다음에 만날 기회가 있다면 언제든지 기쁜 마음으로 달려가겠습니다."

이렇게 보낸다. 답변이 돌아오는 분도 있고, 아닌 경우도 있지만, 그게 제일 마지막 도리라고 생각하고 보낸다. 그런데 그게 만회의 확률이 높았다. 나도 그런 일이 있으면 어디서부터 잘못된 것인지 오래 생각하고 힘들어했다. 풀 방법을 도무지 모르겠을 땐 막막하기도 했다. 하지만 위기의 순간에 끊임없이 질문하면 방법은 많다. 이게 생각보다 효과적이었다. 전화를 안 받을 수 있고, 문자나 카톡은 정성이 부족하다고 느낄 수 있다. 떨리는 목소리 그거 넣어서 보내면 정말로 진심으로 사과를 전할 수 있다.

"정말 죄송합니다. 한 번만 용서해 주세요. 저도 사람인지라 너무 가슴 아프고 속상해서 사실 저도 어제 술 한잔 마시고 잤습니다. 한 번만 용서해 주시면 정말 잘하는 동생 될게요. 이번 일은 눈물이 날 정도로 가슴 아픕니다. 그리고 이건 안 드셔도 괜찮지만 한우입니다."

그러니까 나만의 목소리와 멘트를 담아서 보내면 풀릴 수도 있다. 녹음하다가 실수할 수도 있지만 걱정하지 않아도 되는 게 수십 번 녹음할 수도 있다. 내 마음에 드는 걸 선물이랑 같이 보내면 되니까 무료인 카카오톡 음성 보내기를 적극적으로 활용하면 좋겠다.

비슷한 일례로 최근에 나에게 그랜드 체로키를 계약해서 일주일 만에 출고한 고객이 있다. 이 고객은 사실 다른 매장에서 계약까지 했다가 파기하고 나에게 왔다. 그 내막을 들어보니 내용은 이랬다. 고객님은 타 매장에서 6개월 기다린 gv80을 해약했다. 영업사원의 실수 때문이었다. 영업 사원이 카시트 색깔을 잘못 넣은 것이다. 영업사원은 고객님한테 차가 나온다고 전화하던 중 고객님이 브라운 시트 했다고 말했는데 블랙으로 했다고 우겼다. 고객은 내가 어떻게 내 차 색깔을 실수 잊어버릴 수가 있냐고 말하면서 통화 내용을 찾아서 녹음한 걸 들려줬다. 거기 분명히 브라운이라고 영업사원 대화한 게 남아있었다. 그제야 영업직원은 우기던 말을 멈추고 죄송하다고 사과를 했다. 그런데 이미 본인이 실수한 것을 알고도 우겼다는 사실에 고객님은 기만당한 느낌을 얻고 기분이 나빠서 해약으로 이어진 것이다.

나는 그 고객에게 다른 고객에게 하는 것과 같이 자필 편지를 보냈다. 고객은 40 평생 살면서 남편한테도 못 받아본 편지를 이렇게 받아서 행복하다며 아내의 옷까지 선물해 줬다. 얼마 안 가 그분께 친구를 소개받았는데, 그분이 자신도 편지를 써 줄 거냐면서 물어와 기분이 좋았다. 소개를 받으면서 이 정도로 신경 쓰는 영업직원이 있고 열심히 한다고 전해 들었다고 했다. 사람에게 감동하면 몇십만 원 할인 차이는 중요한 가치가 아니다. 사소한 디테일에 신경을 써줄 수 있다면 그 신뢰의 가치가 더 크게 작용할 것이다. 앞선 영업사원의 실수로 나의 섬세함이 대비가 된 부분도 있겠으나, 그 직원이 잘못을 빠르게 인정했더라면 고객은 분명 해약을 하지는 않았을 것이다. 하지만 영업사원은 실수를 무마하고 싶고, 출고는 빨리하고 싶은 탓에 고객님이 착각하셨다,라는 무리수를 두는 바람에 고객의 마음은 돌아섰다. 고객은 나에게 말했다. 믿음으로 사는 건데, 그렇게 내 말도 가짜라고 우기는 직원을 뭘 믿고 사겠냐고.

위의 사례들은 여러 가지 갈등 상황 중 흔히 발생하는 일화만 뽑았다. 그러니 빙산의 일각에 불과하다. 앞으로 당신이 영업하면 할수록 예상치 못한 여러 변수와 마주칠 것이다. 영업은 가장 단순하면서도 어렵다. 또 사람 간의 일이라서 의견이 맞지 않아 서로 감정적으로 치닫는 일도 분명 있을 것이다. 아무리 그렇다고 하더라도 명심하라. 화가 난 고객에게 같이 화내면 더 멀고 어려운 길을 돌아가야 한다는 것을. 애초에 AS를 할 일이 없는 것이 제일 좋겠지만, 이왕 상황이 일어났다면 해결이 가장 우선 되어야 할 것이다.

그럼에도 영업은 사람끼리 이뤄지는 일이다 보니 몇 번의 만남만으로 계약까지 가는 경우도 있지만, 오래 공들이고 노력했는데 계약으로 이뤄지지 않거나, 내 노력을 오해해서, 혹은 실수를 용서받지 못해서 관계가 틀어지는 경우도 생겨날 수 있다. 이럴 때는 정말 내가 최선을 다해서 그 사람을 설득 혹은 사과했는지를 생각해 보고, 만약 그렇게 하였음에도 불구하고 마음을 돌릴 수 없다면 그냥 놓아주는 것도 방법이다. 나와 인연이 되지 못할 고객에게 마음 쓰느라 나와 인연이 될 고객 여럿을 놓치는 일이 없어야 한다. 가끔 모두에게 좋은 사람인 건 중요하지만 모두가 날 좋아하지 않는다고 해서 좌절하고만 있으면 절로 다음 계약이 찾아오지 않는다. 훌훌 털고 일어나 다음, 그리고 또 다음 목표를 향해 나아가야 한다. 세상에는 나를 좋아하는 사람도 있고, 나를 싫어하는 사람도 있다는 것을 인정하면 조금 더 수월해진다. 모두에게 인정을 받겠다는 건 어쩌면 욕심이고 오만일 수 있다. 내가 최선을 다했는지 그렇지 못했는지는 스스로 알 수 있다. 하지만 그 이상 다른 이의 마음을 되돌릴 수 없다고 하여 좌절하고 멈춤을 선택할 필요는 없다는 말이다. 다만 이것 한 가지는 꼭 기억하라.

———— ◆ ————

고객은 어쨌거나 당신을 믿고 산 것이다. 그러니,
고객은 당신을 욕하고 싶은 것이 아니라,
당신밖에는 믿을 사람이 없었다는 것을 기억하라.

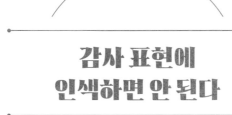

감사 표현에
인색하면 안 된다

당신은 감사한 일이 생겼을 때 어떻게 반응하는가? 감사 일기가 유행이 될 만큼 감사하는 일은 한 개인의 행복감에도 영향을 주지만, 실제로 성과를 높이게 하는 원동력이 되기도 한다. 그러면 당신은 제대로 감사하는 방법이 궁금해질 것이다. 나의 경우를 업무와 관련해서 이야기해보려고 한다.

차량을 계약부터 출고하는 과정까지 고객들에게 정성을 다하다 보면 고객님들이 성의의 표시로 무언가를 선물해 주는 경우가 있다. 작은 엽서의 그림일 수도 있고, 커피 금액권이나 아이스크림 쿠폰, 고객님이 직접 만든 요리나 비누나 방향제와 같은 핸드메이드 제품일 수도 있다. 일부 직원은 고객에게 선물을 받으면 다른 사람을 주거나, 관심이 없는 걸 받았다면서 사무실에 그냥 방치하는 경우도 흔하게 볼 수 있다. 하지만, 나는 고객 한분 한분께 받은 선물을 시일 내로 사용하거나 어딘가에 부착하거나 먹거나, 의미 있게 활용한다.

최근에도 정말 감사하게도 피아니스드 겸 가수이자, 친한 지인이 집으로 대게를 포항에서 잡아서 보내줬다. 성인 남성의 손이 작아 보일 만큼 큰 대게였다. 나는 신선할 때 온 가족이 둘러앉아서 먹으면서 행복하게 먹는 모습을 촬영하여 감사인사와 피드백을 보냈다. 별거 아니 맛있게 드셔줘서 고맙다는 인사를 받았다. 나는 온 가족 다 먹고 꽃게 라면까지 끓였다면서 부연했다. 그 외에도 고객에게 받은 물건이나 음식들은 특히 먹음직스럽게 느껴지고, 애정이 간다. 그러면 그 애정을 받은 나로 끝나는 게 아니라 누리는 내 모습을 자연스럽게 돌려주어 선물하는 기쁨에 더 큰 기쁨을 만들어낸다. 받고 끝날 수도 있지만 나는 고객의 마음이 나에게 닿았다는 것을 고객님께 알리고 보여주고 싶다. 실제로도 행복한 일이라고 생각해서 인증 사진을 찍을 때면 더욱 밝은 모습이 나온다. 내가 피드백을 보내고 제일 많이 듣는 말이 또 보내고 싶게 한다는 말이다. 그만큼 선물 준 사람의 보람을 느끼게 하는 것은 표현인 것이다. 아무리 좋은 선물을 줘도 상대가 티를 내지 않으면 감동은 줄어든다. 하지만 작은 것에도 감사하는 모습을 보이면 그런 상대에게 더 주고 싶은 마음이 자연스럽게 자리 잡게 된다.

영업에서는 소개만큼 강력한 게 없다. 아무리 홍보를 잘해도 소개가 많으면 이길 수가 없다. 고객 중에서도 유달리 소개를 많이 해주고 영업을 도와주는 고객들이 많다. 계산해 보니 나는 1년에 평균 소개 나오는 게 40에서 50대가 나온다. 그분들에게 역시 끊임없이 감사하는 일을 잊지 않는다. 고객님 생일, 명절, 기념일 등등 기록해 놓고, 참석하거나, 더 신경 써서 챙기기 위해 노력한다. 고객은 나를 최선을 다해서 소개해주는데 커피 쿠폰 보내면 그건 실례지 않겠는가. 적어도 감사의 표시로 한우 세트 정도는 보내면서 진심으로 감사 인사를 건네는 것이 인지상정이다. 그리고 소개받은 고객에게도 소개해 준 고객의 정성이나 체면에 버금가지 않도록 최선을 다하고 선물이나 서비스를 최대로 챙겨주는 것. 이것이 나의 감사 방법이다. 어쩌다 보니 소개만으로도 정말 먹고사는 데 지장 없을 정도로 됐다. 소개받으면 그 소개에 대해서 어떻게 또 보답을 할지 고민하는 일이 일상일 정도다. 개인적으로 상품권을 주거나 아니면 개인적으로 선물이랑 편지 준비해서 드린다. 그리고 상갓집 결혼식 돌잔치 안 빠지고 간다. 가서 내가 사회를 보든 춤을 추든 그 사람 기억에 남게 뭐라도 한다. 돌잔치를 가더라도 회비를 미리 냈지만 따로 5만 원짜리 손에 쥐고 제일 먼저 맨 앞자리에 앉는다. 돌잔치에 빠지지 않는 게 있다. 우리 누구 용돈 주실 분 있으신가요, 하면 저요! 외친다. 돌반지나 돌 비용을 따로 줬는데 또 5만 원짜리를 꺼내서 주면 가족들이 볼 때는 플러스다. 가족처럼 고민도 없이 먼저 튀어나오네 하는 이미지를 줄 수 있다. 지갑에서 돈을 찾는 게 아니라 5만 원짜리를 미리 준비하고 있다가 바로 그냥 저요! 하고 주면, 시선 집중되고, 관계가 어떻게 되시죠?라는 질문을 받는다. 그러면 이 조카를 정말 사랑하는 카준형이라고 합니다. 카씨인가요? 아니요. 저 자동차 영업 직원인데 고객님하고 직원으로 만나서 이렇게 형 동생하는 사이가 됐습니다, 하며 너스레를 떤다. 피로연에서 고객의 가족은 나를 좋게 봤다면서 나중에 연락할 일이 생길지 모르니 명함 달라고 한다. 이는 내가 고객에게 주는 선물이자 고객이 나에게 주는 선물이 된다.

또한 아무리 작은 선물을 하더라도 말의 억양이나 말투에 신중을 다할 필요가 있다.

"제가 준비한 이 핸드폰 무선충전 거치대는 뒤돌아서면 바로 충전이 되어있을 만큼 초고속으로 충전이 되고 랭글러 전용으로 쓰실 수 있도록 색도 맞춰서 딱 준비했습니다. 어때요? 차와 세트로 보이지 않으신가요?"

이렇듯 고객이 작은 부분이라도 영업사원이 섬세하게 하나하나 고객인 나에 대해서 신경 써주는구나,를 느낄 정도로 선물을 전하면서 인사말을 예쁘게 덧붙이는 것이다. 고객을 위해서 특별히 준비한 선물이 되면 선물의 가격과 상관없이 선물의 가치는 더욱 커진다. 고객의 기분까지 좋아지니 일석 삼조다. 요즘에는 카카오톡 같은 메신저에서 생일 표시가 뜬다. 친분에 따라서 선물하기 좋다.

그리고 아직 계약하지 않은 고객이라도 생일이라고 뜨면 가벼운 커피 한잔을 보낸다. 나와 상담한 인연을 생각해서 부담을 느끼지 않을 선에서 인사를 보내는 것이다. 그때 고객과의 만남에 대한 첫 인상을 간단히 축하 문구와 함께 남기면서 감동을 전한다. 당장은 아닐지라도 고객의 마음에 잔잔한 감동으로 남았다면 언젠가 그 고객은 누군가를 소개해 줄지도 모를 일이다.

강연이 끝나고도 마찬가지다. 나는 나와 사진을 찍거나, 사인을 받고 싶다고 오는 분들이 계시면 큰 선물을 받은 기분이 든다. 그래서 몇백 명이 되어도, 귀가가 몇 시간 늦어지더라도 한 분 한 분, 감사함의 표시로 사진을 찍는다. 사진을 찍겠다고 기다리는 분들에게 내가 해줄 수 있는 감사 표현이라고 생각하기 때문에 나는 2시간이든 3시간이든 남아서 사진을 모두 찍는다. 나를 좋아해 주고 내 이야기에 귀 기울여준 사람들의 얼굴과 눈빛은 내가 앞으로 나아가는 데 큰 동력이 된다. 그러니 지친 하루가 끝났더라도 나에게 힘을 주는 분들에게 웃으면서 인사하고 함께 사진을 남겨주는 일은 나에게도 중요한 일이다. 이런 건 돈 주고도 살 수 없는 가치라는 것을 안다. 집으로 돌아가는 열차 안에서 강연을 의뢰해 준 대표님께 연락이 왔다.

이렇게까지 모든 사람에게 사진을 찍어주고 요구사항을 들어주려고 노력하는 강연자는 없었다고 감동이었다고 전했다. 대표는 강연 감사 인사와 동시에 연말에 다시 강연을 와달라고 재요청을 했다. 내겐 이런 경우가 많다. 강연 끝나고 나는 '감사합니다. 힘내세요. 할 수 있습니다. 응원합니다.'를 500명 가까이와 나누니, 목에 편도선은 붓고 계속 웃어서 입가에 경련은 왔지만, 마음만은 행복하고 따뜻했다. 내가 이렇게 하지 않고 일찍 귀가하면 내 성격과도 맞지도 않을 뿐더러 아내에게도 혼날 것이다. 아내는 항상 내게 이렇게 말한다.

"당신이 잘되고 위로 올라갈수록 우리 힘들었던 시절을 생각하면서, 당신 응원하는 한 분 한 분께 정말 감사한 그 마음 잊으면 안 돼."

사람이 주는 선물로 호감을 사는 것도 있지만, 받는 선물로 호감을 사는 것이란 바로 이런 것이다. 나의 선물인증 사진에 다시 선물한 상대는 감사함을 느끼고, 서로는 인간적으로 가까워지며 돈독해진다. 그리고 재차 소개로 이어지는 경우가 생긴다. 가장 중요한 것은 고객의 선물을 단지 선물 자체로만 보지 않는 마음이 중요하다. 선물의 가치에 심리적 가치를 더하는 게 보인다면 그 마음을 느낀 고객은 내가 생각하지 못한 방식으로 나에게 더 큰 선물을 줄지도 모르는 일이다.

───── ◆ ─────

나는 항상 고객님께 주변에서
가장 차를 잘 아는 지인이 되고 싶다.

거절을
두려워하지 말아라

영업은 끊임없는 거절의 연속이다. 누구나 영업을 하면서 많은 순간 거절을 당해보았을 것이다. 하지만 거절을 두려워하거나 무서워하면 안 된다. 영업으로 롱런하기 위해서는 거절도 영업의 자연스러운 부분으로 받아들여야, 크게 성공할 수 있다. 거절 또한 영업의 일부이자, 하나의 방편이다. 계약에 성공하는 날도 많지만, 거절을 당하는 날도 있다. 합리적인 이유의 거절일 때도 있지만, 그렇지 않을 때도 많다. 이럴 때 사람이라면 누구나 기분이 상한다. 하지만 이런 순간에도 영업사원은 마인드를 잘 관리해야 진정한 영업인으로 거듭날 수 있다.

주말에 다른 일정 미루고 약속장소에 왔는데, 잠수를 타면 속상한 마음은 들겠지만, 1보 후퇴 2보 전진이라는 마인드로 임해야 한다.

고객에게 미안함을 주면서 편안한 관계를 유지해야 다음이 있다. 화를 내거나 연속해서 전화를 걸어서 부담만 남기는 건 금물이다. 적절한 문자 메시지와 애프터 전화로 '계약이 아니라도 인연을 이어가고 싶다'는 마음을 전한다.

애초에 나는 최대한 약속 파기의 상황을 방지하기 위해서 노력한다. 만일 이번 주 금요일이 고객과 미팅이라고 하면, 3일 전에 확인 문자 메시지를 보낸다.

고객님 3일 뒤 언제 언제 만나기로 한 김준형 팀장입니다. 그날 좋은 인연으로 만나 뵙겠습니다. 감사합니다.

위와 같이 작성해 보내고 전날엔 고객에게 전화를 건다. 만나기 하루 전에 전화를 거는 이유는 딱 하나다. 그 고객이 일정을 잊을 수도 있고, 내가 고객님을 이만큼 챙기고 있다는 것을 보여주기 위해서다. 하루 전에 전화할 때는 날씨를 언급하는 인사가 좋다. 내일 눈이 많이 온다.

"고객님 내일 눈이 많이 온다고 하니까 이왕이면 차 가지고 나오지 마시고, 대중교통으로 출근하시면 사고라든지 이런 위험도 줄일 수 있습니다."

사람은 본능적으로 날씨에 대해서 상당히 민감하다. 따라서 눈이 오거나 비가 오면 약속이 취소될 확률이 높기에 거절을 못 하게 미리 방지해야 한다. 문자나 전화로 내일 비가 옵니다. 눈이 옵니다. 아니면 날씨가 덥습니다. 무척 추울 수 있으니 옷은 따뜻하게 입고 오세요. 등등 날씨 정보를 미리 제공하면 좋다. 그러면 날씨 핑계로 약속을 취소할 확률이 확 줄어든다.

또 주의할 점이 있다. 만나기로 약속했는데 고객이 전화를 안 받으면 계속 전화하는 직원이 있다. 10번 20번 100번, 누가 이기나 해보자는 심보로 계속 전화를 건다. 나는 그 직원을 서둘러 뜯어말렸다.

"너 스토커야? 계속 전화하는 건 스토커나 하는 짓이야. 상대방을 더 불편하고 멀어지게 한다고."

물론 같은 상황을 겪어 본 적이 있다. 쉬는 날 양복을 입고 고객과의 약속만 기다렸는데 연락이 안 됐다. 속상하고 분했다. 나라고 화가 안 난다면 당연히 거짓말이다. 하지만 이럴 땐 멘털 관리가 필수다. 고객님한테 무슨 사정이 생겼나 보다, 그래서 오늘 할 수 없이 안 된 거다. 이런 식으로 계속 자기 주문을 걸어야 한다.

이때 전화는 딱 두 번 건다. 두 번까지는 그냥 모른 척 넘어갈 수 있다고 치더라도, 세 번째부터 전화하면 잠수 고객에게는 부담감으로 다가간다. 계속 연락하는 것은 고객을 멀리 떠나가라고 재촉하는 일과 다르지 않다. 내가 전화를 두 번 하는 이유는 한 번은 정말 바빠서 넘어가거나 할 수가 있지만, 두 번 정도 부재중 전화가 와 있으면 상대방이 문자라도 남길까 생각하거나 아니더라도 전화했다는 분명한 메시지를 남긴 거기 때문에 두 번 이상 전화를 안 볼 수는 없다. 한 번 전화해서 안 받았으면 심호흡하고 15분 20분 있다가 한 번 더. 이렇게 두 번 남긴다. 그래도 고객에게 연락이 안 오는 것이면 고객은 사정이 생겼거나 아니면 원해서 잠수를 탔다고 생각해야 한다. 이럴 때는 카톡을 남기면 안 되고, 문자 메시지로 정중하게 메시지를 보내야 한다. 카톡은 들키기 싫어서 숫자가 지워지기 때문에 아예 안 읽을 수가 있는데 문자는 상대방이 모르기 때문에(요즘 문자가 읽히는지 알려주는 휴대전화 기능도 있지만 카톡보다는 읽고 답장 안 하는 것에 대한 부담이 덜하다.) 그래도 일단 읽어본다.

고객님, 오늘 저희가 약속이 있었는데, 약속시간이 지나도 연락이 안 돼서 제가 정말 걱정이 돼서 문자 남깁니다. 고객님 어떤 문제든 간에 잘 해결하시고 꼭 저한테 연락 주십시오. 제가 기쁜 마음으로 기다리겠습니다.

이렇게 문자를 남겨놓면 분명 며칠 있다가 전화가 올 것이다. 사람이기 때문에 급한 약속이 생길 수가 있다. 그것은 고객의 프라이버시 때문에 따질 수는 없다. 다만 이를 기회로 고객을 미안하게 만들어야 한다. 그래야 다음에 상담할 때 내가 더 유리한 고지에서 상담을 할 수가 있다. 이틀이 지나도 전화가 안 오면 3일째에 내가 전화를 건다. 왜냐면 3일 정도 되면 모든 급한 이런 게 다 해결도 됐고 고객도 어느 정도 미안한 감정이 있을 즈음이기 때문이다.

"고객님 안녕하세요. 그때 저도 마찬가지로 이런저런 일이 있어서 고객님 많이 안 기다렸습니다. 너무 미안해하실 거 없으세요."

이런 식으로 해서 넘어가야지 자연스럽게 이어진다. 멘털 관리가 중요하다. 영업은 마라톤이다. 이런 고객 한 분 한 분이 쌓여서 장기적으로 나가는 것이다. 한 사람이 펑크 냈다고 그 상황에 매몰되면 다음 고객에게 감정을 뿜어낼 수도 있기에 주의해야 한다. 어렵겠지만 기쁜 마음으로 그냥 잊어버려야 나에게도 좋다. 또 다음 고객이 기다리고 있다고 길게 봐야 장기적으로 나갈 수 있다. 나 역시 마찬가지다. 쉬는 날 애들하고도 놀아주지도 못하고 나왔는데 당연히 화나고 억울한 감정이 들 것이다. 하지만 지금 이 감정은 내일 되면 또 흐려진다. 그 순간적인 화를 넘겨야 한다. 이때 역으로 생각하려는 노력이 필요하다.

"그래 오늘은 우리 가족만의 별도의 시간을 내가 줬다. 우리 가족을 위해서 나는 또 오늘 하루도 열심히 어쨌든 일하고 돌아간다."

이렇게 해서 멘틸을 강화해야 한다. 나 역시 지금도 꾸준히 이렇게 마인드 트레이닝을 한다.

다른 예로 계약 후 사정이 생겨서 해약하는 전화가 왔다면, 환불되기까지 기간이 있으니 조금만 더 생각해 보라고 권하고, 그래도 해약을 해야겠다면 조심스럽게 연유를 묻는다. 아마 해약 전화를 걸기 전부터 고객은 생각해 둔 이유가 있을 것이다. 고객의 이야기를 경청해서 듣고 공감한다. 충분히 이해한다고 하고 해약을 진행해 드리지만, 여기서 끝이 아니다. 퇴근 후에 고객님 근처로 간다.

"제가 10분 거리에 여기 출고 왔는데 잠깐만 들렀다가 갈게요."

"팀장님 제가 해약한다 그랬는데 왜 들르세요?"

"아, 근처 볼일이 있어 가는 김에, 시간이 되신다면 제가 잠깐 뵙고 가려고요. 드릴 선물 있거든요. 금방 전해드리고만 갈게요."

[꼭 이번에 인연이 안 되더라도 저희가 또 만날 기회는 많다고 생각합니다. 저는 항상 고객님 편에 서서 기다리고 있다가 언제고 전화 주시면 기쁜 마음으로 달려가겠습니다.]

이렇게 간단한 엽서든 편지든 부담 안 되는 선에서 메시지를 작성한다. 이 작은 정성이 계약을 살릴 수 있는 기폭제이자 원동력이 될수 있다. 전화상으로 백날 말하는 것과 실제 찾아뵙고 얼굴을 보면서 말하는 것과는 천지 차이다. 고객님이 해약했다고 해서 내가 마치 잡으러 가는 사람처럼 고객님 만나러 가겠다고 하면 고객은 더 멀어지고 부담을 느낀다. 그래서 나는 고객에게 부담을 주지 않기 위해서 항상 고객님 집 근처에 출고 왔다고 말한 후 온 김에 잠깐만 뵙고 가겠다고 말한다. 그러면 고객은 나를 만나는 부담이 확 줄어든다. 나 때문이 아니라 출고차 들렸구나, 하고 안도한다. 만나게 된다면 또 고객님은 미안해하면서 해약의 이유를 말할 것이다. 충분히 공감하면서 나중에 1대만이라도 괜찮으니 소개해 주면 된다고 우리도 다시 좋은 인연으로 만나면 좋겠다고 인사를 한다. 지금 당장 한 대를 못 팔았다고 해서 그 고객 주위에 있는 모든 사람까지 떠나는 게 아니다. 고객에게 좋은 느낌을 남기면 고객은 주위에 있는 사람들에게 지프차가 얘기가 나왔을 때 나를 떠올리고 소개해줄 확률이 높다. 실제로 해약 고객에게 신규 고객을 소개받은 경우도 많다. 그대로 해약이 될 수도 있지만, 이게 작은 불씨가 돼서 다시 가능성이 살아날 수도 있는 것이다.

예전에 계약 직전에 거절한 고객이 있었다. 계약은 아쉬웠지만 만난 것도 인연이라 생각하고 끝까지 최선을 다했다. 얼마 지나지 않아서 함께 방문했던 사모님에게 연락이 왔다. 지프란 브랜드가 마음에 안 들었는데, 팀장님의 열정과 노력이 너무 좋아 보여서 고민 끝에 지프를 사기로 했다고 전해왔다. 그리고 나에게 미안함을 계속 가지고 있었다면서 출고하면서 5만 원짜리 스타벅스 카드를 같이 주셨다. 이처럼 같은 거절을 당해도 누군가는 기회의 여지(불씨)를 남긴다는 사실을 잊지 말고, 거절을 통해서 잠재고객을 얻었다는 마인드를 장착해 보자.

———— ◆ ————

한 번 거절했다고 영영 내 고객이 안 되라는 법은 없다.

6장

영업직원이
착각하기 쉬운 것

〈실적관리 편〉

홍보를
창피해하지 말아라

처음 보는 사람들에게 말을 건네야 하는 것만큼이나 긴장되는 상황
은 없을 것이다. 나 또한 오래 영업을 했지만 처음 유튜브 영상을 찍
고, 강연할 때는 조금 긴장했다. 하지만 내가 좋아하는 마음이 더 컸
기 때문에 극복할 수 있었다. 내가 처음 영업했던 2001년은 지금보
다 영업환경이 열악했다. 아날로그 방법이 선택이 아니라 필수였다.
이름을 새겨진 띠를 매고, 전단지를 돌리면서 알리고, 영업을 위해
서 나이트클럽 웨이터처럼 똑같이 차에 이름을 도배된 차를 몰고 도
심을 돌며 발품만으로 홍보하던 시기였다. 한여름엔 땀나게 뛰는 게
영업이었고, 한겨울엔 추위와 맞서야 하는 게 영업이었다.

 길에서 우연히라도 그런 나를 발견하면 엄마는 못 본 척 도망을
갈 정도였다. 집에 가서 내가 엄마에게 창피하냐고 물었더니 그렇다

고 답했다. 어떻게 하면 안 창피하겠냐고 했더니 돈을 많이 벌어보라고 했다. 그때는 천만 원 이상 벌어보는 게 소원이었다. 나는 내가 하는 일이 창피하다고 생각하지 않았다. 얼마 가지 않아 천만 원을 벌었다. 보란 듯이 영업으로 성공해서 돈을 벌자 엄마도 더는 아무 말을 하지 않고 조금씩 인정해 주었다. 1장에서 말한 바와 같이 나는 모교에 가서도 내가 영업한다는 것을 적극적으로 알렸기 때문에 은사님들에게 신차 계약을 얻어낼 수 있었다. 현재는 유튜브, 인스타 등등을 운영하고 있지만, 나를 모르는 사람들에게 얼굴과 직업을 공개하는 것은 큰 용기다. 처음 보는 사람에게 다가가 연락처를 묻는 일도 얼마나 용기가 필요한지 생각하면 쉽게 이해할 수 있을 것이다. 그런데 이런 것도 계속하면 는다. 점점 더 잘하게 되고 유연성이 생겨나면서 민망함은 점점 옅어진다.

언제 계약으로 연결될지 알 수는 없지만, 영업이라는 게 물티슈를 나눠주거나 경비원들에게 믹스 커피를 준다거나 하는 일도 판촉이자 홍보의 일부다. 나는 재입사 후에도 대리운전을 밤에 뛰면서 좋은 차량의 차주를 만나면 집으로 가는 길에 세컨드 차량에 대한 정보를 주기도 하고, 명함을 남겨놓았다. 심지어 지나가다가도 수산시장 가서도 밤에는 대리운전을 부르는 경우가 많으니 대기하고 있다가 물티슈를 주어 손을 닦을 수 있도록 돕거나, 술 냄새를 지울 수 있는 목캔디 등을 주면서 명함을 요청하기도 했다. 명함을 안주는 경우도 많지만, 대화를 하다가 열심히 사는 것 같으면 한번 오라고 명함을 주는 경우도 있다. 영업은 부딪침이 연속이다. 어디에서 연락이라는 신호가 올지 모른다. 그러면 과연 어느 정도까지의 영업 가능성을 고려할 수 있을까?

　나의 경우엔 투자를 많이 했다. 나는 잘 때도 아이디어가 떠오를 상황에 대비해 메모지를 옆에 두고 잔다. 그때 나온 아이디어들 중 하나를 말하자면, 전시장 근처에 보이는 주유소 열다섯 군데와 카센터에 지프 전시장 위치와 내 번호가 적힌 현수막을 다 걸어놓는 것이었다. 또한 아파트마다 부녀회라든지, 관리사무소 소장님한테 일정 비용 지불하고 도장받아서 문어발도 붙여놓았다. 어느 날 밤 운전 전문학원이 딱 머릿속에 떠올랐다. 메모에 적어두고 다음날 대표님께 아이디어를 제안하면서 멋진 거치대 두 개를 요구했다. 대표님은 먼저 담판을 짓고 오라고 했고, 나는 운전학원에 가서 다른 오래된 잡지꽂이를 다 메탈 소재의 5단 거치대로 바꿔주겠다고 대신 독점으로 우리 자동차만 홍보를 요청했고, 최신 잡지까지 채워주는 것으로 합의를 봤다. 그렇게 사당 운전전문학원, 양재 운전 전문학원엔 내 전신 거치대와 5단으로 된 자동차 잡지수납장, 그리고 나의 명함을 비치해 둘 수 있었다.

　영업은 뿌린 만큼 돌아온다. 하지만 당장 돌아오지 않는다. 그러나 많은 곳에 뿌려놓아야 하는 것은 분명하다. 서서 학원생들에게 볼펜도 나눠주기 위해서 열심히 방문했더니 사당 운전 전문 학원 부원장님이 모하비 계약을 취소하고 그랜드 체로키를 뽑아주는 일도 있었다. 그리고 거기에서 레니게이드 문의도 왔다. 부원장님 자녀분이었다.

🧑 "우리 딸이 김준형 팀장한테 사줬으면 좋겠다고 하네."

🧑 "예? 저를 어떻게 알고요?"

🧑 "자네 거치대가 우리 학원에 떡하니 서 있지 않은가? 운전면허 학원 앞에 허허."

자녀분이 원래는 미니 쿠퍼를 사고 싶어 했는데 열심히 하는 준형 아저씨한테 사주자고 했다고 전했다. 그리고 며칠 후 밤 열 시가 넘어서 당직 때 계약 하나 하고 불 끄려고 뒷정리하고 있는데, 뒤이어 운동복 차림으로 부녀가 들어왔다. 여름이라서 에어컨 쐬고 시원한 음료 마시며 쉬다 가시라고 농담했는데 두 사람은 서로 눈빛을 주고받더니 당장 레니게이드를 계약하겠다고 말했다. 나는 당황해서 혹시 불쌍해서 해주시는 거면 그냥 가도 된다고, 나 불쌍한 사람 아니라고 했다. 그랬더니 아니라고. 살려고 했는데 우리 딸이 여기서 샀으면 좋겠다고 해서 그냥 조깅하다가 말고 운동복 입은 채로 찾아와서 바로 계약을 진행했다. 나는 아무래도 신경이 쓰여서 나중에 출고할 때 따님에게 그 이유를 물어봤다. 그녀는, 내가 나의 사진을 운전학원에 세워둘 정도로 열심히 하는 영업사원이라서 그 열정을 믿고 계약해야겠다고 결심했다고 답했다.

나는 과거에도 현재에도 영업으로 성공을 맛봤다. 영업은 자신감 하고 흐름 타면 꺾이기가 쉽지 않다. 한데 대부분 그 흐름을 한번 못 탄다. 내가 좋은 제품을 고객에게 파는데 부끄럽고 창피한 게 어디 있는가? 나에게는 가족이라는 구심점이 있었고, 목적이 있었다. 나는 영업으로 인생이 바뀌었다. 천장이 없는 영업의 단맛을 알게 된 이상 놓치기 싫었다. 나는 어디를 가든지 영업에 빠져 있었기 때문에 어떤 상황에서도 고객치부책을 생각했다. 이것 사주세요, 가 아니라 저 여기에서 일해요. 정도로 홍보하는 것이 좋다. 가까운 사람들에게도 마찬가지다. 내가 어느 정도 자리 잡으면 말해야지 하는 것이 아니라, 시작하자마자 알려야 한다. 지인들이나 가족들은 나에 대해서 호의적이기 때문에 소개가 나올 확률이 거의 99.99%다. 모르는 사람보다는 관계가 있고 아는 지인들이 소개해 줄 확률이 훨씬 높다. 우리 가족이나 지인을 눈앞에서 놓치면 정말 참을 수가 없다. 못 하는 게 창피한 걸까? 아니면 내 지인들한테 내 직업에 대해서 못 알려서 차를 판매하지 못하는 게 부끄러울까? 내가 지프에 입사하고 얼마 안 되었을 때 내 사촌 동생이 우리 매장 다른 대리한테 차를 뽑았다. 일주일 뒤에 나한테 얘기했다.

"형 빨리 얘기하지 그랬어."

물론 친분을 내세우며 강제로 영업하려고 하면 역효과가 난다. 영업직원에게 홍보하는 일이 체면을 깎는 게 아닌 미래를 위해 씨를 뿌려놓는 파종 작업이라고 생각해 보라. 언젠가 내가 풍족하게 수확할 열매들이라고 생각하면 안 할 이유가 없다. 아무것도 하지 않으면 아무 일도 일어나지 않는다. 노력하는 사람은 매일 그것만 생각하고 그것만 노력한다.

———— ◆ ————

무슨 일이든지 할까 말까 고민할 때는 하는 게 좋다.
세상은 도전을 한 자에게만 열매를 준다는 사실을
명심하길 바란다.

독버섯을 삼기는 실적은
의미 없다

주변에서 자주 봐온 신입 영업사원들 얘기다. 이들 중에는 특히 상
사에게 칭찬받고 싶어서 실적을 늘리려고 무리해서 할인해 주다가
퇴사하는 경우가 많다. 이러한 행동은 배고프다고 아무 독버섯을 먹
는 것이나 다름없다. 영업은 철칙과 기준이 명확해야 한다. 신입사
원들이 많이 그만두는 이유는 자기만의 기준과 원칙이 없어서다. 그
러니 손님에게 계속 휘둘린다. 과다한 지시는 물론, 가격을 깎으려
는 손님은, 영업사원의 절실함을 이용하여 깎고자 작정했기 때문에
100만 원만 할인해 달라며 막무가내다. 근데 여기에서 그 100만 원
을 할인해 주면 진짜 문제는 시작된다. 영업사원은 아무것도 가져가
는 게 없다. 오히려 자신의 돈으로 충당해줘야 하는 안타까운 상황
도 생긴다. 그럼에도 신입들은 무리한다. 실적을 의식하여 순간적으
로 오판하는 것이다. 그런 안타까운 선택을 볼 때마다 나는 그들에

게 말했다.

"네가 과다 할인해 주면, 당장 하루 이틀만 힘든 게 아니라 너를 망치게 돼. 차라리 그 시간에 다른 손님 찾아서 더 열심히 뛰는 게 훨씬 더 나아. 실적에 연연해서 당장 이 계약만 어떻게든 성사시켜야지 하고 손님이 원하는 대로 넘어가면, 그 손님이 소개를 해줘도 똑같은 손님만 소개해줘. 그러면 너는 결국 아무것도 남기지 못해. 고생해서 판매할 이유가 없는 거라고."

결국, 일이 터졌다. 우리 매장에서 실적으로는 1등 했던 친구가 그만두고 BMW로 옮겼다. 아무도 그를 이해하지 못했다. 결과적으로 그는 자신의 노력에 비해 실제로 돈을 못 벌어서였다. 그러니까 당연히 1등인데 차도 반납하고, 그만뒀다. 아마 그는 손님에게 휘둘리면서 실적을 채우는 자신의 마이너스 패턴을 이곳 매장에서는 바꿀 수 없다고 판단했을 것이다. 계속 마이너스 고객들이 와서 무리한 요구를 하고, 실적만 올리는데 그건 아무 소용이 없다.

"팀장님, 판매 1등이신데 다른 직원들보다 더 할인해 줄 수 있는 건 없어요?"

나 역시 이런 질문을 받을 때가 있다. 그럴 때마다 나는 나만의 기준점이 미리 딱 있기 때문에 고객에게 내가 해줄 수 있는 것과 없는 것을 차분히 말한다.

🧑 "고객님 제가 진심을 다해 여기까지는 이렇게 할 수 있습니다.
딱 이 기준점까지만 맞춰주시면 제가 할 수 있는 모든 거 제 범
위 내에서는 최선을 다해서 이렇게 해드리겠습니다."

근데 이 기준점을 벗어나면 고객님한테 차를 팔면 이후 as나 사후
관리가 있는데 할인해서 팔고 나면 그냥 나는 파트너가 아닌 판매사
원으로 끝나는 것이다. 그러면 고객과 오래갈 수가 없고, 그렇게 판
매하고 모른 척하는 것은 내 방식이 아니기 때문에 기준점을 넘은
무리한 요구는 힘들다는 걸 확실하게 말해야 한다.

영업은 손해 보려고 하는 게 아니다. 당신에게 손해를 끼친다면
그 사람은 당신의 고객이 아니다. 그 고객의 손을 놓아야 한다. 내가
이미 해줄 수 있는 모든 것을 말했는데 나에게 손해를 입히면서까지
금전적인 할인을 요구한다면 이미 영업의 허용범위를 벗어난 것이
다. 더 큰 문제는 한 사람에게 마이너스를 보고 팔면 줄줄이 주변에
같은 유형의 고객들로 소개가 이어진다. 그들도 나한테 손해가 된
다. 그러면 반드시 나중엔 '누구는 해주고, 누구는 안해주냐.'는 소리
가 나온다.

그러면 절대 영업은 오래갈 수가 없다. 이렇게 손해 보면서 1대 2

대 팔다 보면 점점 추락하게 된다. 자기만의 기준점을 만들어서 그 이상 벗어나면 고객한테 100% 전달하고 나 역시도 내 능력 한계치를 벗어났기 때문에 안된다고 못 박아야 한다.

"저도 고객님하고 정말 좋은 인연으로 가고 싶지만, 이걸 벗어나면 저 역시도 죄송합니다. 고객님 저는 여기까지이기 때문에 저한테 계약을 안 하셔도 정말 괜찮습니다. 만일 원하는 만큼 할인이 되는 곳이 있다면 그곳에서 하시는 게 나을 것 같습니다."

이렇게 정중한 자세를 유지하면서 선을 긋는 게 중요하다. 무조건 한 대 더 팔아서 실적 채우겠다는 욕심은 과정 면에서도 결과 면에서도 나 자신에게 해가 되고 독이 된다. 내가 오히려 내 기준점을 확실하게 제시하고 그래도 요구하는 고객에게 거절 멘트를 하면, 곧 돌아오는 말은 이렇다.

"아유, 내가 언제 안 한다 그랬어요? 그냥 혹시나 해서 물어본 거예요."

고객도 자신의 요구가 무리라는 것을 알고 있다. 최선을 다하되 내가 할 수 있는 범위 한계까지는 말을 해두면 고객 입장에서는 깎는다고 깎이는 직원보다 깎아주지 않는 완고함에 오히려 이득은 아니라도 손해 보지는 않았다고 생각할 것이다.

설령 다른 곳보다 내가 가격이 조금 더 비싸다고 하더라도 내가 믿을 수 있고 마음에 들면 나와 가는 것이다. 영업사원 하기 나름이다. 장기적으로 해줄 수 있는 부분을 어필하고, 가격이 아닌 다른 부분에 서비스를 더욱 보완해 주는 식으로 조절해야 한다. 가격은 싸게 했는데 그 직원이 금방 퇴사하면 나중에 담당 직원이 없어서 더 멀리 돌아가야 하는 상황이 올지도 모르기 때문에 고객과의 유대와 신뢰는 서로에게 중요하다.

추가적으로 제언하자면, 고객과의 약속에 책임을 다해야 한다. 서비스 역시 내가 해줄 수 있는 것을 정확히 말해야지, 책임도 못 지면서 해주기로 약속만 하고 안 해주면, 그 관계는 회복이 어렵다. 작은 거짓말이 점점 커지게 되면 이게 눈덩이처럼 불어난다. 자동차 업계도 영업사 하는 사람들 이직률이 높다. 이직을 생각하고 손님한테 이 서비스, 저 할인 다 해준다고 거짓말해서 계약 따내고 실적만 올린 후 잠수 타는 건 무책임하다. 화가 난 고객은 그 직원이 다른 브랜드로 이직한다고 해서 모를까? 아니다. 금방 다시 만난다. 나는 앞서 고객과 연애하듯이 하라고 말했다. 한분 한분 소중하고 그 인연은 언제 어떻게 닿을지 모르는데, 눈 가리고 아웅 하려고 하다가는 큰코다친다. 그 거짓말이 습관이 돼서 결국 부메랑처럼 자기 자신에게 돌아온다. 선의의 거짓말이 아닌 고객에게 피해가 가거나 고객을 기만한 거짓말은 절대 용납될 수 없다.

물론 피치 못하게 금액을 할인해줘야 하는 경우가 있다. 연말에 마지막 판매량 올리려고 하는 기준이 되는 한 대라든지 아니면 월말에 이거 한 대만 더하면 특별 보너스가 나온다, 하는 이런 예외적인 경우를 제외하고는 기준점을 확실하게 맞춰두고 하는 게 영업의 룰이고 정석이다. 처음 영업을 시작하면 무조건 정석대로 해야 한다. 처음부터 편법이나 이런 거 쓰면 오래가지 못한다. 기본기부터 다지고 한 단계 한 단계 쌓아 나가야 롱런할 수 있다.

영업은 이윤 추구다. 영업은 최저시급일 수도 있고 수천만 원 벌 수도 있다. 고정된 월급을 원하면 공무원을 하거나 직장 다녀야 한다. 노력한 만큼 받는 게 영업인데 이 매력을 알려면 한번 최선을 다해서 부딪혀봐야 한다. 적응해서 한번 맛을 보면 영업이 매력적이라는 걸 알게 될 텐데 그걸 알려면 자신만의 노하우가 축적되어야 한다.

———— ◆ ————

영업의 열매는 달콤하다. 다만 그걸 얻기까지가 어려울 뿐.

긴장의 끈을 놓지 말아라

영업은 꾸준함이 생명이다. 운동선수는 매일 일정 시간 운동으로 몸을 풀어주는 시간이 있어야 같은 정도의 텐션이 나오고, 댄서들 역시 매일 일정량의 몸풀기 댄스를 해야 아름다운 춤선이 유지된다. 영업도 마찬가지다. 규칙적인 맥락과 흐름을 놓치면 안 된다. 이번 달에 영업 성과가 좋았다고 해서 긴장을 풀고 아무런 노력도 하지 않는다면, 다음 달에 영업 성과가 좋을 거라는 보장은 어디에도 없다. 다음 달도 이번 달과 같이 호황일 거라는 것은 영업사원들이 흔히 간과하는 착각이다. 예를 들어 이번 달 잘해서 5,700만 원을 벌었다고 하면, 다음 달에 또 5,700만 원을 당연히 벌겠지 착각하지만, 현실은 그렇게 녹록지 않다.

영업은 고정급이 아니다. 이번 달에 아무리 잘 됐어도 다음 달에 정신 줄 놓고 조금만 흔들리면 또 일이백만 원으로 가는 것은 순간이다. 이번 달에 고액 월급을 벌었다고 해서 들뜨는 기분에 바로, 차한 대 뽑고, 명품 옷 사고하면, 한 순간에 나락으로 훅 떨어진다. 그러면 나중에 할부를 갚느라 힘들다고 우는 소리를 하면서 매달 실적에 불안해하고 전전긍긍하는 사원들이 수두룩하다. 6개월 1년 이상그걸 성과를 내야 그게 정말 실력이다. 하지만 한 달 반짝했다가 떨어지고, 반짝했다가 떨어지고 이렇게 심한 격차를 보이는 것은 실력이 아니다. 그저 운인 것이다. 영업은 꾸준함이 생명이다. 이게 바로1년을 12개월로 나눠서 매달 열심히 해야 하는 이유다.

물론 사람 일이라는 게 매월 생각만큼 잘 될 때도 있고, 늦게 시동이 붙을 때도 있다. 그런 경우는 이 감정의 낙차랄까 그런 것들이 생길 수도 있다. 나 역시 월 초에 생각했던 것만큼 계약이 따라주지 않을 때가 있다. 그러면 본사 대표나 임원진들이 전화를 걸어온다. "카준형, 이번 달은 왜 이렇게 스타트가 느려?" 근데 너무도 당연한 말이지만 영업이 잘될 때 있고, 느릴 때도 있는 것이다. 일희일비하면금방 무너진다. 이번에 스타트가 늦더라도 아직 20일이나 남았다고충분히 따라잡을 수 있다고 말한다. 평소엔 열흘에 열대 가까이하던내가 다섯 대 정도 했다고 온 전화인 것이다. 영업은 끝날 때까지 끝난 게 아니라 그래서 되게 매력 있다. 하루에 몇 대를 계약할지 모른다. 그동안에도 판매를 위한 준비의 시간으로 삼으면 된다.
영업일을 하다 보면 가장 힘든 것이 바로 균일한 월급이 형성되기 어렵다는 점이다. 어떤 달은 5건, 어떤 달은 1건 이런 식으로 기복이 있다. 그런데 머리를 쓴답시고 전달 말의 실적을 다음 달로 올려 세금도 덜 내고, 다음 달 실적도 채워두고 시작하겠다고 하는 경우들이 많다. 일명 '차 돌리기'를 하는 것이다. 만일 목표가 4대이면 5번 차의 계약을 살짝 지연시켜서 다음 달로 미룬다. 그러면 다음 달 한 대 먹고 시작하는 거라고, 그런 방식으로 자기 평균을 가늘고 길게 유지만 하려고 한다. 만약 전달에 두 대를 킵해 놓으면 다음 달은 남은 두 대만 하고 쉬자는 식인 것이다. 그게 본인이 추구하는 안정감일지는 몰라도 그런 식으로 하면, 실적은 엇비슷하게 나올지 몰라도 그 이상의 실적을 내는 건 어려울 수 있다.

　나는 세금 문제 계산하며, 꼼수를 쓰지 않고 최선을 다해서 계약한다. 왜냐하면 고객은 영업사원의 마음대로 기다려주지 않는다. 나는 월말에도 마지막 1분 1초까지도 계약하고, 출고시키려고 애쓴다. 세금을 더 내는 것은 문제없다. 더 많이 내고 손해 보더라도, 어떤 변수가 생길지 모르고, 내가 후회하지 않으려면 지금 이 고객 놓치지 않는 게 얼마나 중요한 일인지 알기 때문이다.

　나는 4년 동안 발렛 대리운전하다 영업을 했다. 나에게는 영업직이 천국이었다. 남들 볼 때는 그저 수많은 영업사원 중에 하나겠지만, 사실 나는 꿈을 이룬 것이고, 이루는 과정 중에 있는 것이다. 발레 파킹할 때 한남동 전시장을 보면서 마음속 깊이 나도 단정하게 입고, 고객을 상담할 수 있으면 난 절대 고객을 놓치지 않을 텐데 다짐했었다. 그 다짐이 4년이 쌓이니까 정말 한 달에 68대가 70대까지 갔다.

지금도 기억이 난다. 우리 전시장에서 연말 12월 26일인가 그랬다. 이제 한 해가 끝나는 데까지 4일 남은 시점인 것이다. 하네. 안 하네. 하네. 안 하네. 고객은 계약서를 앞두고 30만 원을 에누리하고 싶어서 오랜 시간 갈등했다. 나는 그 계약이 정말 간절했다.

"사모님 도와주십시오. 이거 사모님이 해주시면 저 전국 1등 할 수 있습니다. 지금 30만 원이 사모님한테는 더 클 수도 있지만, 이거 계약해 주시면 사람 하나 얻는다고 생각해 주시면 안 되겠습니까? 사모님 아들이 지금 30살 정도 된 것 같은데 결혼할 때 제가 50만 원 낼지 100만 원 낼지 어떻게 압니까? 제 인프라 안에서 제가 가진 것은 최선을 다해서 돕고 할 수 있지만, 비겁하게 당장 할인해 주고 나중에 사모님이 전화할 때 피하거나 도망가지 않고 차 문제 생기면 제일 먼저 나서고, 기념일 챙기는 멋진 지인이자 영업사원이 되고 싶습니다. 그리고 무엇보다 사모님께서 도와주시면, 저 올해 정말 전국 1등 할 수 있어요. 제가 이 은혜 잊지 않을게요."

결국, 고객은 사인하고 돌아갔다. 고객의 뒷모습이 멀어지자 모두 지켜보던 직원들이 한 마디씩 거들기 시작했다.

👤 "팀장님, 이거 안 하셔도 어차피 1등이고 한데 왜 이렇게 간절하게 악착같이 해요?"

👤 "올해 4일이나 남았는데 열심히 해야죠."

👤 "아니, 이미 1등은 따 놓은 당상인데요. 굳이."

일반 직원들이 이해를 못 했다. 그럴만했던 게 당시에 우리 전시장에서 나의 실적은 이미 2등 하고 100대 이상 차이가 났다. 맞다. 그러니까 이 한 대를 팔지 못했어도 나는 이미 1등은 확정이었던 상태였다. 나는 답했다.

"나한텐 저 손님 한 명이 전부야. 저 손님 놓치면 올해 농사 망친 거다. 후배니까 그냥 얘기할게. 너네들한테는 몇 백 대 중에 한 대 겠지만, 나한테는 이 한 대가 전부다." 누군가 농담으로 묻는다.

👤 "판매왕이고 연봉 10억이면 이렇게까지 안 해도 되지 않습니까?"

안 된다. 인생의 밑바닥까지 가보면 힘들다는 기준이 달라진다. 그렇게 안 해도 이제 압도적으로 1등이라고 해도, 이 한 대가 나한테 전부라고 답한다. 그 친구들의 1년 판매량이 40대이고 지금 놓치는 한 대가 그 40대 중에 한 대라면, 나는 250대 중에 한 대라고 해도, 그 한 대가 너무 소중하다. 그들과 나는 서로 한 대를 바라보는 가치와 절실함이 다른 것이다.

한 달하고 조금 쉬고, 또 한 달 하고 쉬고 반복하면 그냥 그저 그런 영업사원이 된다. 처음 간절하게 바랐던 초심이 있을 것이다 그 초심을 매달 잡아야 한다. 초심을 잡아서 성과 올리고, 다음 달 다시 또 잡고 이 끈은 놓으면 안 된다. 항상 붙잡은 상태에서 살짝씩 흔들릴 수는 있어도 이거 놓으면 바로 추락한다는 생각으로 붙들고 있어야 한다. 처음에 마음 살짝살짝 움직이는 거는 그럴 수 있다고 생각한다. 근데 한 번에 놓고 확 떨어지면 정말 다시 올라가려면 또 2배 3배 더 힘들게 노력해야 한다.

불안한 마음에 시작한 행동이 곧 습관이 된다는 것을 기억하자. 무기력은 쉽게 몸에 밴다. 전체적으로 하향평준을 원하는 게 아니라면 매 순간 지금, 여기서 최선을 다하자.

처음 시작할 때 진짜 이 한 대만, 제발 이 한 건만 하면서, 계약에 성공하고 싶다고 간절히 원했던 그때의 초심을 잊으면 안 된다. 지금 시작하는 신입사원일 수도 있고 경력자일 수도 있지만, 그 한 건 한 건이 얼마나 소중했는지 되돌아보라.

지금 한 건이야 뭐 하고 말지 할 수 있겠지만, 아니다. 이 초심을 놓는 순간 이 한건조차 어려워질 수도 있다. 영업은 멘털게임이다. 이 초심 꽉 부여잡고 이 기세에 쭉 달리면 롱런할 수가 있고, 반대로 이 기세에 딱 꺾이면 한 번에 추락할 수도 있다. 영업은 변수가 많다. 그러니까 그 모든 변수의 문을 열어놓고서 그냥 열심히 최선 다하는 수밖에 없다. 혹시 스스로 해이해지지 않았는지 지금 자신을 되돌아보길 바란다. 자신의 현 위치에서 어떤 내가 되고 싶은지도.

—— ◆ ——

편안함에 중독되지 마라.

끼리끼리 어울리지 말아라

영업하면서 제일 어려운 일이 내가 이번 달에 영업 실제 1등을 달성했다고 해도 다음 달에는 다시 0에서 시작해야 한다는 점이다. 실적 압박도 힘든데 영업을 하다 보면 고객에게 받는 자존심이 상하는 일도 많고, 감정적으로 무너지는 등 힘든 순간이 숱하게 찾아온다. 그럴 때마다 서로의 처지를 잘 알고 있는 동료가 공감대가 형성되고 가장 큰 위로와 힘이 된다. 내가 다 설명하지 않아도 눈빛만 봐도 서로의 처지를 알 수 있으니, 어제는 경쟁자였다고 해도 오늘은 전우가 될 수 있는 것이다.

그렇다고 해서 동료랑만 많은 시간을 보내다 보면 서로에게 독이 될 수 있음을 알아야 한다. 서로 의도하지 않더라도 공통의 관심사인 회사 이야기를 하게 될 것이고 회사에 대한 불만을 이야기하다가 고객 불만의 이야기로 넘어갈 확률이 높다. 그리고 한번 어울리다 보면 직장에서의 시간이 빨리 가는 것처럼 느껴질 것이다. 같이 놀아주는 사람이 많고, 직장에 친한 사람이 있다는 안정감이 있으니 직장에서도 오늘 뭐 하고 놀지, 뭐 먹지 하면서 즐거울 수 있다.

하지만 영업 성과를 내는 데에 중요한 자기반성과 성찰, 계획은 같이 있는 동안보다 혼자 있는 동안에 하는 것들이다. 앞서 말한 바와 같이 영업은 철저히 외롭고 고독해야 하는데 동료와 어울리다 보면, 이번엔 네가 밥을 샀으니 내일은 내가 술을 살게. 이런 식으로 서로를 위로하는 데에 많은 시간과 돈을 쓰게 된다. 유혹에 흔들리는 갈대가 되어 정체성을 잃기 쉽다. 본디 영업인은 자신의 시간을 확보하여 고객과 함께 보내야 한다. 영업이란 무대에 뛰어든 이상 고객들과 밥 먹고, 술 마시고, 커피 마시고, 산책하고, 어떤 방식으로든 최대한 고객들과 시간을 많이 써야 성공할 수 있다.

무리 입장에서도 자신들 무리에 끼지 않으려는 사람에게 위기의식을 느낄 수 있다. 왜냐하면 본인들도 마음속 깊이 자기들끼리 어울리면서 업무 성과가 그리 좋지 않다는 것은 이미 알고 있기 때문이다. 그래서 그런 식으로 굴면 '안 끼워 준다느니, 한 대 더 팔아서 부자 되라느니' 하면서 비꼬거나 모진 말을 할 수도 있다. 하지만, 그런 독하다는 소리를 듣더라도 자기만의 목표가 있으면 어울리고 노는 것을 줄여야 한다. 자꾸 여기저기 돌아보면 성공으로 가는 시간이 점점 늦춰질 뿐이다. 심지 곧은 대나무처럼 뻗어가기 위해서는 직선으로 가야지, 한번 우회했다가 다시 직선으로 가려고 하면, 잘못 들어선 길 돌아가야 하는 고속도로처럼 더 오래 걸릴 수밖에 없다.

같이 어울리는 영업사원들끼리 서로 도움이 되는 격려와 win-win 전략을 도모하면 가장 베스트일 것이다. 하지만 안타깝게도 대다수의 경우 동료와 동반 하락의 길을 겪는 경우가 많다. 가끔 어울리는 것은 괜찮지만, 매일 어울려서 본분을 잊는 것은 정말 치명상을 입게 될 수가 있다. 영업이라는 원래 목표는 뒷전이고 그저 음주가무가 좋아서 같이 술 마시고, 게임하고, 회사 탓하고, 고객 탓하다 보면 고군분투하면서 성장하는 영업직원과의 격차는 당연히 벌어질 수밖에 없다. 나는 남에게는 관대하지만 나에게는 엄격하다. 이런 순간에도 내 목표가 우선이기 때문에 다른 사람들까지 나처럼 하라고 강요는 하지 않지만, 내가 남들에게 휩쓸리지도 않는다.

결국, 같이 어울리던 사람들은 어떻게 되는 줄 아는가? 한동안 즐겁게 회사를 다닌다. 그리고 비슷한 성과를 내다가, 위에서 실적 압박을 받으며 나란히 퇴사하는 수순을 밟는다. 끼리끼리 어울리다가, 정말 끼리끼리 떠나게 되는 상황이 초래된다. 함께 어울리는 것은 좋지만, 혼자만이 넘어야 할 경지를 넘긴 후에도 늦지 않다는 것을 강조하고 싶다.

그러면 외롭지 않냐고 물을 수 있다. 물론 외롭다. 고독하다. 하지만, 내가 처음 입사하고 가졌던 꿈을 생각해봐야 한다. 나의 경우에는 가족들과 힘들었던 지난날을 떠올리면서 초심을 잡았다. 과거에 연극기법을 해서 동기부여를 했듯, 아무리 나를 방해하려고 해도 어림없지, 나는 이번 작품에서 굳센 대나무 같은 역할이니까. 나는 내 역할만 잘 소화하면 그만이야. 하면서 더 독하게 일에 몰입할 수 있었다. 주변에서 같이 술 마시러 가지 않는 게 치사하다고 섭섭하다고 말하는 것이 그 순간에는 민망하고 전부일 것 같지만, 그렇지 않다. 나중에 당신이 성공하고 저 앞으로 나가면 다시 그들이 더 다가올 것이고, 이미 그때는 그들이 아니라 그 위에 비슷한 성공을 한 사람들이 손을 내밀 것이다. 오늘이 변하지 않고, 내일이 변하지 않으면 10년 후 역시 다른 결과를 기대할 수가 없다.

— ◆ —

서로 응원하고 조력해 주는 선에서
동료와의 관계를 유지하는 것도
영업사원의 능력임을 명심하자.

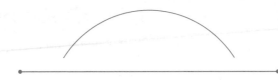

남과 경쟁하지 말아라

"옆에 앉은 직원이 일주일 만에 두 대 팔았네. 그 옆에 직원은 3대 팔았네. 같은 시간 동안 나는……."

　나도 모르게 남들하고 자꾸만 비교하고 경쟁하는가? 물론 실적표가 있고, 실적에 따른 보상이 있는 직업 특성상 동료의 성과를 전혀 신경 쓰지 않을 수는 없다. 하지만, 장기적인 관점으로 봤을 때 남들을 기준으로 자신의 실적을 채우려는 접근은 매우 곤란하다. 실적이 중요하다고 해서 남과 비교하기 시작하면 남의 실적까지밖에 성장할 수 없기 때문이다. 남과의 경쟁은 옳은 목표 설정 방법이 아니다. 나의 가장 큰 경쟁 상대는 바로 나 자신이다.

　앞서 나는 1장에서 드라마틱하게 성적을 끌어올린 경험이 있다고 밝혔다. 어린 시절에 나는 아버지의 회사가 전근을 많이 다녀야 하는 일이라서 여러 번 전학과 이사 다녀야 했는데, 그 모든 과정이 어린 내겐 상처였다. 그래서 할아버지 집에서 지내기로 하여 조부모님과 살았다. 연탄 때며 살았지만 그때 사람 사이의 정이 뭔지, 물질적이지 않으면서도 충분한 사랑을 주는 방법이 무엇인지 배웠다. 그리고 나는 그때부터 바른생활을 했다. 내가 누구랑 싸움이라도 하면 할머니나 할아버지가 불려 가니까, 내가 사랑하는 조부모님께는 그런 모습을 보이고 싶지 않았다. 하지만 나 역시 놀기를 좋아하는 학생이었다. 말썽은 안 부렸지만, 공부를 따로 하지는 않았고, 시험이 있을 때만 당일치기를 했다. 그런 나에게 할아버지는 항상 이렇게 말했다.

"준형아, 할아버지는 소원이 있다. 네가 매일매일 공부하는 게 이 할아버지 소원이다."

나는 공부에 별로 흥미가 없었기 때문에 할아버지의 말이 신경은 쓰였지만, 어린 마음에 귀담아듣지 않았다. 그리고 얼마 후 할아버지가 갑자기 쓰러져 입원하고, 의식이 없다가 3일 만에 돌아가셨다. 그때 처음으로 큰 상실과 아픔을 느꼈다. 내 많은 유년 시절은 할아버지와 할머니에게서 받은 사랑으로 이루어져 있었다. 할아버지가 어린 나에게 바란 것이라고는 고작 매일 공부하는 것이었고, 심지어 그게 '소원'이라던 말이 뒤늦게 가슴과 뇌리에 박혔다. 침대에 누워도 할아버지의 말이 유언처럼 떠다녀서 잠을 이룰 수가 없었다. 한 번만이라도 할아버지의 소원을 이뤄주고 싶었다. 이전에 나는 반에서는 5등에서 10등 사이였고, 전교에서는 50등에서 100등 사이였다. 이후 나는 매일 공부하기 시작했다. 할아버지께서 살아 계실 내 하지 못한 것이 억울했다. 그땐 누가 공부하라고 시킨 것도 아닌데 내가 미치게 공부가 하고 싶었다. 그것만이 내가 속죄하는 길이라는 듯이 책장을 넘겼다. 매일 안일했던 과거의 나와 싸웠다. 나는 다음 시험에서 반 1등 전교 4등이 되었다. 누굴 이겨야겠다는 생각도 아니었고, 1등이 되려는 것도 아니었다. 그저 할아버지의 소원을 이뤄주는 것이 목표였기 때문에 그렇게 할 수 있었던 것이었다. 나를 알고 있는 모두가 놀랐다. 그리고 한번 1등으로 올라간 내 성적은 계속 그 주변을 유지했다. 상위권을 유지하니 중학교 입학 당시에는 꿈꿀 수 없었던 외국어 고등학교에 진학하여 일본어를 전공할 수 있었다. 그리고 나는 외고에서도 우등생에 뽑혀 호주 어학연수도 40일간 다녀왔다.

결국에 말하고자 하는 것은 스스로와 싸움에서 승리하라는 것이다. 타인을 무찌르고 1등을 차지하겠다는 게 아니다. 스스로 내가 나를 이겨낸 떳떳함이 있었기 때문에 나는 더 큰 목표를 이뤘다. 종종 주변에선 말한다.

👤 "팀장님, 그 정도면 충분합니다."

근데 내가 여기서 '그래. 나 열심히 했어. 충분해.' 하고 안도의 한숨을 내쉬는 순간 나는 저 뒤로 밀려난다. 나도 편하려고 한다면 얼마든지 놓을 수는 있지만, 내가 노력하고 고생한 것들을 생각하면 노력을 멈출 수가 없다. 내 경쟁 상대는 나다. 공부도 마찬가지다. 누가 몇 등이니 저 친구 정도만 공부해서 쟤만 이기면 된다고? 아니다. 영업도 누가 1등 했으니 그 정도만 팔면 되겠다고? 절대 안 된다. 왜 스스로 한계를 짓는가? 나 자신하고 싸우면 나는 한계가 없는 사람이 된다. 내 목표는 내가 정하는 것이다. 내가 한 대 팔 수도 있고 10대 팔 수도 있고 50대 팔 수도 있는데 경쟁 상대를 정해놓고 딱 이 사람만 따라잡겠다고 해서 그 사람을 이기게 되면 경쟁 상대가 없어지게 되는 것이다. 그럼 거기에서 안주하게 된다.

하지만 내가 경쟁 상대면 스스로 한계를 규정짓지 않는 이상은 나는 얼마든지 무한대로 올라갈 수 있다. 그리고 스스로 목표 설정을 해서 계속 올라갈 수 있는 동기부여를 얻게 된다. 내가 지프에 입사했을 때도 당연히 1등 하시는 분이 있었다. 그런데 내가 그분만을 목표로 삼고 1등을 했다면 나는 거기서 멈췄을 것이다.

처음 내가 희망하는 출고 대수가 있었다. 한 달에 이 정도면 최고 대수겠지 했는데 아니었다. 내가 세운 목표를 깨고 나면 또 다른 세상이 보였다. 이걸 깨고 나면 그게 보이고, 그걸 깨고 나면 저게 보이고, 계속해서 올라갈 수가 있었다. 타인이 기준이었다면 나는 결코 내가 원하는 목표를 이루지 못했을 것이다. 원래 1000까지 갈 수 있는 사람인데, 120인 사람만 넘기고 안주하면 나는 120인 사람이다. 내가 나와 싸웠기에 누가 시키지 않아도 미친 듯 공부를 할 수 있었다. 영업에서도 그렇다. 내가 세운 목표를 달성하기 위해서 할 일을 배분하고, 지키려고 애썼다.

내가 잘난 사람이라서가 아니었다. 딱 하나 자신 있는 건 상황을 극복하겠다는 간절함과 절실함. 그리고 결핍이 있었다. 결핍을 꼭 극복해서 이겨내겠다는 의지가 있었고 그래서 누구보다 더 열심히 앞만 보고 달렸다. 결핍이 얼마나 강한 힘을 발휘하는지 깨달았다. 나는 지금까지도 일부러 결핍을 만들기도 한다. 항상 일주일 단위로 계획을 하는데 내가 원했던 성과를 이루지 못하면 그날 점심을 먹지 않는 것으로 말이다. 노력의 역치를 갱신하기 위해서는 계속해서 동기부여와 결핍을 만들어야 한다. 주변에선 먹고살려고 일하는 건데 왜 점심 안 먹느냐 묻는다. 하지만 이렇게라도 스스로 결핍을 만들어주지 않으면 안주하고 싶고, 편한 길로만 가고 싶다. 사람은 조건이 생겼을 때 기존보다 행동이 더욱 강화된다. 나 스스로 작고 큰 약속을 하고 그에 따른 보상과 결핍을 조절하는 것이다. 그러면 조금이라도 더 달성할 확률이 높아진다. 결핍은 곧 동기가 되기 때문이다.

나는 성장하기 위해서 흐름을 계속 놓지 않고, 과거의 나를 이기기 위해서 고군분투했다. 타인이 아닌 내가 경쟁 상대가 된 것이다. 나와 싸워서 이긴 경험이 누적되면서 더 큰 목표를 달성하는 선순환을 이룬다. 내가 스스로 증명해 보인 시간이, 다음 도전을 이어가는 원동력이 된다. 타인이 기준이 되면 그 타인의 목표나 행동에 내가 휘말리지만, 내가 기준이 되면 휘말릴 일 없이 계속 앞으로만 정진할 수 있음을 명심하자.

할머니가 올해 2월에 향년 105세로 돌아가셨다. 인스타에 애도의 댓글이 많이 달려서 할머니한테 짧게 편지처럼 마음을 썼다. 돌아가시기 두 달 전에 마지막으로 본모습으로 남은 할머니. 내가 장손자라고 항상 손에 1만 원 꼭 쥐어주시던 할머니. 내가 아무리 성공했어도 할머니 기억에는 항상 어렵게 고생만 하는 손자였다. 할머니는 나를 보면 언제나 밥 사 먹으라며 만 원씩 손에 꼭 쥐어줬다. '준형이 너를 믿는다'는 말도 함께였다. 할머니는 나와 함께 사진을 찍고, 딱 두 달 있다가 돌아가셨다. 내 삶의 모든 감정선은 할머니 할아버지에게서 왔다. 할머니는 나에게 재미있게 사는 인생이 무엇인지, 사람 사이의 정이 무엇인지, 진정으로 상대를 위하는 마음이 무엇인지 알려주셨다. 부모님과 살 때는 못 느끼는 것 말이다. 나는 두 달 전에 인스타에 썼다. 이대로 이별할까 봐 무섭습니다. 그리고 두 달 후에 썼다. 그런데 진짜 이별했네요. 그리고 한 줄 덧붙였다.

할머니 증명할게요. 당신이 틀리지 않았다는 것을.

—— ◆ ——

이게 바로 '일주일 동안 옆에 앉은 직원이 두 대 팔고,

그 옆에 직원이 세 대 팔 때,

같은 시간 동안 나는 스무 대 가까이 팔 수 있었던 이유'다.

성격 탓하지 말아라

다수의 사람은 영업직원을 떠올릴 때 밝고 외향적인 이미지를 먼저 떠올리기 쉽다. 이것은 영업직이 가진 특유의 서비스 정신 때문에 외향적이고, 활발한 사람이 조용하고 내향적인 사람에 대비해 영업직에 적합하다고 넘겨짚기도 한다. 하지만 결론부터 말하자면 그럴 수도 있지만, 그렇지만은 않다. 영업에 잘 어울리는 성격이란 따로 없다. 내가 지나오며 본 바로는 오히려 조용하거나 침착한 성격이 실적으로 훨씬 더 앞설 때도 있고, 섬세함이나 진중함이 그들의 큰 강점이 되어 고객들이 신뢰를 느끼기도 한다. 사람은 모두 각각의 성격마다 장·단점이 있기 마련이다. 영업은 종합예술이다. 어느 한 부분만 뛰어나선 안 된다. 고객 역시 원하는 영업직원 상이 다를 수 있다. 내향적이고, 조용한 성격이 줄 수 있는 안정감이나 진실성, 꼼꼼함이 있을 수 있다. 이러한 능력은 실적관리 및 고객 유치하는

삶의 끝자락에서 인생을 알았다

데 충분히 강점으로 승화할 수 있다. 그러니 성격 탓을 하고 미리 겁 먹고 도망가거나 기죽을 필요가 전혀 없다.

여러 차례 강조했지만, 영업은 고독하고 외로워야 한다. 무인도에서 사람 만나듯, 가뭄에 단비가 내리듯 고객을 만나서 행복해야 되는데, 평소에 성격이 밝다는 이유로 주변 동료들과 잘 어울려 놀고, 상사 비위 잘 맞추고, 이런 사람들이 끼리끼리 놀다가는 망하기 쉽다. 그들에겐 회사가 너무 즐거울 것이다. 왜? 노는 걸로 즐거운 것이다. 내가 오늘 목표를 달성하고 일하며 고객과의 만남이 즐거운 게 아니라, 아싸! 오늘 우리 패밀리들 만나서 퇴근하자마자 당구 치고, 사우나 가고, 술 마시고, 노래방 가고 이런 게 즐거울 것이다. 그러면 퇴근을 늦추는 고객이 반가울 리가 있겠는가? 이렇게 하면 영업실적도 안 나올뿐더러 실력도 점차 줄어든다. 대외적으로 인사성 밝고 사람은 좋을 수 있다. 인격적으로 누구나 다 좋아할 수 있다. 그러나 영업실적은 적자인 실속 없는 사람이 될 위험도 농후하다, 오히려 소극적이고 내성적이라서 주변과 자주 어울리지 않고, 묵묵히 자기 일만 한 사람이 성공할 수도 있고, 외향적이고 잘하는데 자기 관리를 못 하면 성공하기 어려울 수 있는 것이다. 그러니 성격이 좋고 말 잘하고는 실적 앞에서 아무 소용이 없다.

밝은 성격을 어디에 쓰는지에 따라 다르다. 그런 사람이 고객에게 그 성격을 올인하면 성공할 확률이 더 높아질 수도 있다. 한데 자기 동료 사원들이나 지인들이나 친구들하고 맨날 노는 데만 사용하면 점점 추락하는 것이다. 소극적이고 내성적인 사람이 묵묵하게 고객 관리에 힘쓰고 자기 자신한테 투자했을 때는 몇 배의 효과가 난다. 정해진 답은 없다. 사람 바이 사람이다. 내 주변에는 활발한 사람이 영업 분야에서 크게 성장한 케이스도 있고 소극적인 사람, 내성적인 사람이 성공한 케이스도 많다. 그렇기에 이건 그 사람의 성향 문제지 성격 때문에 영업이 적성에 맞고, 안 맞고, 영업을 잘하고 못 하고는 핑계다. 신입사원이 들어와서

"저는 밝은 성격이 아니라서 이 일에 안 맞겠네요."

라고 말 하면, 나는 이렇게 답해줄 것이다.

"아 그래? 야, 오히려 잘 됐다. 너한테는 기회야. 오히려 너 자신에게 집중하고 묵묵히 손님들한테 하루에 전화 열 통, 하루에 내방 영업 세 개씩 해보자. 나랑 같이 아침마다 목표 설정이랑 확언 같이 만들어가면서 해보는 거야. 그리고 너는 친구들이 없으니까 회식할 때는 내가 신나게 쏠 테니까, 그때 신나게 놀고 그거 외에는 영업직원들하고는 그냥 관계만 유지하되, 같이 어울려서 놀지는 마라. 휩쓸리면 너는 같이 망가진 거야. 근데 꼭 걔네들이 놀 때 같이 놀자고 할 거야. 혼자 놀면 불안하거든. 김 대리 같이 가자. 같이 밥 먹고 당구 치고, 같이 게임하고 PC방 가

자. 그런데 말이야, 그렇게 휩쓸리잖아? 그러면 꼭 같이 다니던 세네 명이 같이 없어져. 실적도 같이 떨어져 혼자만 죽을 수 없대. 어때 나 믿고 한번 해볼래?"

이게 진실이다. 일 잘하는 팀장들은 동료들과 사적으로는 잘 어울리지도 않는다. 단체 회식이 아니고서는 고객들과의 상담만으로도 이미 벅차다. 그리고 성공하는 영업인은 자기만의 노하우가 있지만 절대 알려주지 않는다. 하지만 나는 본 저서에서 정말 처음 영업을 배우는 영업인들이 A부터 알 수 있었으면 하는 마음으로 솔직하게 노하우를 풀어놓았다. 이렇게까지 하는 것은 나 또한 처음에 영업을 배울 곳이 없어서 막막했던 때가 있었기에 가능한 일이다.

중요한 것은 영업하는 것에 있어서 성격이나, MBTI 유형은 아무런 문제 되지 않는다는 점이다. 남들이 정해놓은 성격유형 몇 가지 프레임 안에 자신을 가두지 말라. 자신만의 강점을 얼마나 살려서 어떤 전략으로, 어떻게 영업하느냐에 성패가 달렸다. 영업하면서 자신만의 강점을 강화하여 어필하고, 고객들의 마음을 얻을 수 있다면 자신만의 강점으로도 얼마든지 다른 사람보다 앞서갈 수 있다는 사실을 기억하자.

———— ◆ ————

당신의 가능성을 틀 안에 가두지 말아라.

272

몇 달간 열심히 영업했는데, 왜 실적이 생각만큼 따라주지 않느냐며 푸념을 늘어놓는 경우를 심심찮게 본다. 유튜브도 따라보고 강의도 들었는데, 왜 영업이익은 그대로냐면서 도통 원인을 모르겠다고 토로하기도 한다.

 그럴 때 내가 그들에게 몇 가지 질문을 하면 금방 답이 나온다. 그들은 자신이 열심히 했다고 착각하는 경우가 많다. 주말엔 뭐 해? 쉬죠! 하는 답이 곧 돌아온다. 한번. 한두 번 야근하고 특근하면 그들은 그때 한번 특근한 기억만으로 계속 열심히 한 것처럼 생각하는 것이다. 이는 2~3일 해병대 훈련을 받은 사람이 자신을 해병대를 나온 사람과 동급으로 여기는 것과 다를 바가 없다. 사람들은 체험한 것을 경험이라고 자부한다. 하지만 그저 짧고 강렬한 체험일 뿐이다. 진짜 경험하려면 해병대 갔다 오면 되는 것이고, 영업에 대해서 경험하려면 내가 여러 방송에서 말했듯이 최소 6개월 1년 이상은 영업 전선에서 몸 담아서 뛰어보면 알 수 있다. 대부분은 짧은 체험 후 먼저 판단하고 '야, 내가 이거 해봤는데 안 되더라.' 이렇게 말한다.

진짜 열심히 하는 사람들은 그 이상의 고통과 인내를 여전히 버텨내고 있다. 몸으로 체득하지 않은 체험을 경험으로 볼 수 없다. 그러니 경험에서 얻은 것을 당연히 누릴 수도 없다. 영업은 끊임없이 자신을 채찍질하고 그 간절함을 통해서 앞으로 나아가는 과정이다. 영업사원이라면 실적으로 보여줘서 이 성과로 나타내면 그게 정말 실력이 되는 것이다. 우리 신입사원이나 직원 중에서 누구보다 열심히 하고, 새벽에 일찍 나오는데 이번 달에 한 대도 못 파는 사람이 있다면, 과연 남들이 볼 때 그 사람은 잘한 걸까? 안타깝지만, 그렇지 않다. 실적이 안 나오면 방법에 변화를 줘야 한다. 열심히 했는데 따라오지 않는 실적은 없다. 실적이 없는 상황을 자동차 영업계에서는 백차라고 한다. 내가 백차인 직원에게 토요일 날 나오면 도움 준다고 말하면 예상치 못한 답이 돌아오곤 한다.

"팀장님, 마음은 감사한데 저 친구들하고 술도 마셔야 되고 주말엔 무조건 안 돼요."

이러면 나도 더 이상 할 말이 없다. 영업은 장기적으로 보고 롱런해야 한다. 끝까지 가서 한계를 뛰어넘어봐야 한다. 직장에서 잘하는 선배에게 손을 내밀고, 선배의 비법을 자신의 영업에서 실전으로 적용해야 한다.

내 영상을 찾아보고 따라 했다고 푸념하는 친구에게 그래서 영업은 얼마나 했냐고 물었더니 두 달 정도 했다는 답이 돌아왔다. 그러면 그 시간을 온전히 나와 같이 노력한 시간과 동급으로 볼 수 있을까? 사람은 대부분 자신에게 너무 관대한 편이다. 자신의 노고나 땀은 크게 확대하고, 타인의 노고나 인내는 작게 축소하려고 드는 경향이 있다. 이런 정신을 반대로 적용해야 한다. 나에게는 더욱 철저하고 남에게는 관대해져야 성공할 수 있다.

나의 경우에는 다음날 최상의 컨디션으로 상담을 하기 위해 전날에 과식도 하지 않고, 내가 목표한 계획, 3명~5명의 상담과 10건의 전화를 지킨 후에야 퇴근하곤 했다. 과거에 나는 몇 달 해보고 차라리 편의점 아르바이트가 더 낫겠다면서 퇴사하려는 직원을 붙잡은 기억이 있다. 영업을 실패로 기억하고 떠나는 게 안타까웠다. 그들에게 한 달만 더 해보라고 내가 사적으로라도 보상을 할 테니, 한 달만 내가 시키는 대로 해보자고 권했다. 열심히 해보고 후회 없이 그만두라고 해서 남아준 직원은 네 명이었다. 그들은 한 달 후에 소주를 마시면서 이제 퇴사해도 된다는 나의 말에, 이제야 조금씩 영업의 매력을 알 것 같다면서 일을 계속하고 싶다고 말했다. 그렇다. 남들 다하는 노력은 노력이 아니다. 기초가 단단해지게 되면 스스로 노력하고 있다는 걸 느끼는 순간이 온다. 그들은 소주가 달다고 했다. 이제 쉽게 열심히 했다고 말하지 않겠다고 말하는 그들을 보며 대견하기도 하고 뿌듯하기도 했다.

주변에 보면 본인은 간절하다, 절실하다, 이게 마지막 직업이다, 라는 마음으로 열심히 하는데 왜 저는 안 될까요? 하고 많이들 물어온다. 남들 일할 때 일하고 남들 쉴 때 다 쉬면서 간절하다 절실하다 말로만 그러는 사람이 정말 많다. 그리고 요즘은 더욱 욜로다, 힐링이라는 말로 더 쉽게 합리화하고 안주해 버린다. 내가 바라는 건 지금 아무것도 하지 말라는 게 아니라 일정 부분 도달할 때까지는 경주마처럼 앞만 보고, 일정 궤도까에 도달하면 그때 가서 이 정도로 열심히 했으니 조금 쉬어도 돼. 이렇게 보상처럼 쉬어야 하는데 요즘에는 반짝 열심히 해서 그 정도의 노력만으로 성공하려고 하고, 미리 샴페인 터트리며, 휴식한다. 그러면서 원하는 성공이 오지 않는다고 푸념하는 일을 반복한다. 영업실적은 계속 그 자리일 뿐이다. 변화를 줘야 하는데 남들과 똑같이 하고 싶은 건 하고, 쉴 건 쉬어야 한다. 그럼 그 사람은 성공이 아니라 안주를 원하는 것이다. 성공에 따른 보상을 원하지만, 그만큼 노력을 들이고는 싶지 않은 심보다. 자기만의 목표가 있다면 저절로 조절하게 된다. 열심히 했다는 생각이 든다면 이전의 나와 어떻게 달라졌는지도 정확히 점검하고, 스스로 객관적인 피드백을 할 수 있어야 한다.

해뜨기 직전이 제일 어둡다는 말을 많이 들어보았을 것이다. 사람은 막상 힘든 순간이 되면 아무것도 안 보인다. 그냥 다 내려놓고 싶은 생각이 든다. 그런데 이때 포기하면 안 된다. 이때를 발판 삼아 올라가야 한다. 성공 그래프는 한 번에 확 올라가는 게 아니라 계단식으로 올라가게 되어있고, 누적되면 처음의 성과와는 비교도 안 될 만큼 확 점프하는 순간이 온다. 그리고 한번 위로 올라가면 그게 실력이 되기 때문에 거기서 놀게 될 확률이 높다. 하지만 대부분의 사람이 바로 점핑 직전에 포기한다. 열심히 했는데 안되네 하고 돌아선다. 2~3개월 열심히 했다면 잘한 것이다. 여기서 그 잘한 것을 아깝지 않게 하려면 더 물고 늘어져서 6개월 ~ 1년이라는 시간을 채워야 한다. 제대로 해보지도 않고, 포기하는 것은 아무런 보상 없이 또 실패의 기억으로만 남기는 것이다.

물론 노하우를 얻기 위해서 공부는 하는 자세는 좋다. 하지만 실제 경험에서 얻어야만 하는 부분도 반드시 있다. 우리가 백날 유튜브만으로 공부하고 실무적인 것을 다 안다고 말할 수는 없지 않은가. 선배나 롤모델의 비법을 참고하여 적용할 것은 적용하고, 개선할 것은 개선해 나가면서 자신만의 노하우로 특화해야 한다.

당장 각자의 전시장 내에서도 영업을 잘하는 선배님이 있다면, 따라다니면서 조금이라도 더 배우려고 하고 열심히 노력하는 데 도와주고 싶지 그냥 지나칠 사람은 없을 것이다. 그러니 용기와 끈기를 가지고 더욱 다가가야 한다. 잘하는 그도 그만의 노력과 고통이 있었을 것이다. 단순히 경쟁의식만 가지고 자존심만 상하면 안 된다. 그 사람이 어떤 사람이건 간에 실적이 좋고 결과를 증명해 낸다면 그는 실제로 영업을 잘하는 사람이다. 당신은 그의 장점을 빼내서 자신의 것으로 만들면 된다.

언젠가 내가 옆에 끼고 영업 노하우를 전수했던 또 다른 친구가 기억난다. 지방에서 올라온 친구였는데 30만 원짜리 고시원에서 살았다. 팀 막내인 그는 나에게 나처럼 일해서 성공해보고 싶다고 솔직하게 말하면서 어떤 일이든 좋으니 죽기 살기로 해보겠다고 했다. 나는 그의 용기와 결의에 3개월을 데리고 다니면서 새벽부터 밤까지 같이 일했다. 그때 느꼈다. 영업은 역시 간절하고 절실한 사람이나, 뚜렷한 목표가 있는 사람이 진짜 잘할 수 있는 영역이라는 것을 말이다. 사람은 벼랑 끝에 서 있으면 뒤돌아보지 않고 이렇게 경주마처럼 앞만 보고 간다. 그 친구에게는 '비록 한 평 반짜리 고시원 살고 있지만, 서울에 올라와서 멋있게 내 집을 갖고 살고 싶다.'라는 분명한 목적의식이 있었다. 내가 가진 노하우를 다 보여줬고, 그도 무서운 속도록 따라 했다. 이윽고 두 달 차부터 효과가 드러났다. 막내 직원이었던 그가 전체 2등이 된 것이다. 놀란 대표님이 신입이 무슨 일이냐고 물으니 지점장이 말했다.

278

"저기 준형 팀장 막내인데, 준형 팀장이 데리고 다니면서 제대로 가르치고 있어요."

말했다. 그러니까 대표님이 우스갯소리로 신입직원들 전부 다 데리고 다니라고 말했다. 나는 대표님께 웃으면서 진정으로 절실한 사람 아니면 내 바쁜 시간을 쪼개지 않겠다고 말했다. 그 친구는 나와 1, 2등을 다투다가 좋은 조건으로 스카우트 제의받아 바로 과장으로 승급하면서 이직했다. 사석에서 그를 다시 만났을 때 그는 '나와 같이 있으면 평생 2등만 할 것 같았다'라고 털어놨다. 그는 제의받은 회사에서 당당히 1등을 차지했다. 그게 3개월 남짓 걸렸다. 이런 케이스는 정말 드물다. 하지만 진짜 그 3개월간 압도적으로 영업에 미쳐있었다. 그는 이직하고서 절반 정도밖에 노력하지 않았는데 1등 했다며 씁쓸하게 웃었다. 악착 같이하는 사람이 의외로 없다는 말을 덧붙이면서. 그럼 악착같이 했던 우리 둘의 공통점은 무엇이었을까? 바로 강력한 동기부여와 의지다. 나는 갚아야 할 빚이 있고, 반지하에서 탈출하고 싶었고, 그 역시 지방의 부모님께 효도하고, 서울 고시원에서 탈출하고 싶었다. 평생이 아니라 한 달이든 6개월이든, 내가 정한 기간만큼 미쳐서 일하면 무조건 바뀐다.

열심히 했는데, 역시나 안 된다고 말하는 이들에게 조금만 더 끈기를 가지고 버텨달라고, 어려울 때는 뭘 해도 어렵다고 느끼게 된다고 전하고 싶다. 반대로 일이 술술 풀릴 때는 역시 뭘 해도 잘된다고 느낄 거라는 것도. 영업에서 롱런하려면 꾸준함이 정답이다. 하루하루 노력하면 분명 해 뜰 날이 온다.

— ◆ —

열심의 역치를 올려라. 영업은 설명하는 게 아니다.
증명하는 것이다.

7장

나의 또 다른 이름 카준형

〈퍼스널 브랜딩〉

카준형이라는 브랜드
[소통]

코로나가 한창 기승을 부리던 시기였다. 영업 시장도 코로나 한파를 피해 갈 수는 없었다. 처음에 내가 갑자기 유튜브를 도전한다고 했을 때, 주변에서는 다 안 될 거라고 만류했다.

"쓸데없는 짓 하고 있다. 지금 뭐 하는 짓이냐 물 흐린다."

하면서 반대도 심했다. 그래도 도전해보고 싶은 마음에 카메라를 앞에 두고 고객 상담 연습하던 시절을 떠올리면서 화면을 보고 말하는 연습을 했다. 그때는 유튜브가 공중파 방송이며 강연이라는 새로운 기회의 장을 열어줄 줄은 상상도 못 하고, 그저 좋아서 열심히 했다. 처음에는 어색했지만, 점점 익숙해져 갔다. 대학 시절에 연극하던 생각도 났다.

다른 유튜브 방송에도 출연하여 대본 없이 성심성의껏 대답을 하면서 나를 알리자 구독자 수가 함께 늘기 시작했다. 그냥 내가 열심히 일하는 모습을 보여줬을 뿐인데 인터뷰하고, 일상 보여주고, 자연스럽게 밥 먹는 것마저 좋아해 주는 댓글이 달렸다. 나는 출연 계기도 남들처럼 화려하지 않고, 이렇게 열심히 사는 사람도 있다, 는 것을 알리는 게 다였다.

난 그냥 내 분야에서 열심히 사는 모습을 있는 그대로 보여줬는데 기획 의도와 반응이 100% 맞아떨어졌다. 진심은 언제나 통하는 법일까. 내가 출연한 영상이 몇 개월 만에 100만 명 이상의 누적 조회수를 기록했다. 나는 많은 이들에게 위로와 응원을 받았다. 이 정도까지 많은 사람이 이토록 좋아해 주실 줄 몰랐다. 처음에는 내가 살아온 이야기로 닿는다는 사실 자체가 기뻤다. 그 이후로는 점점 유튜브를 키우고 싶다는 생각이 들었고, 내가 알고 있는 것을 나만의 방식으로 다른 이들과 나누고 싶다. 아직도 기억이 난다. 구독자와 설레는 첫 팬미팅을 했을 때, 구독자분들은 힘든 시기를 이겨내고 성공한 내 모습에 동기부여를 받고 있다고 피드백을 해줬고, 나의 기운을 아들에게도 전해주고 싶다는 말도 해줬다. 나와 관련된 키워드는 절실함이 되었고, 나의 브랜드 상징은 절망 끝에 쉼표 찍고 이룩해 낸 성공이 되었다. 정성을 다하여 진심을 전하는 이미지. 열심히 사는 사람. 꾸밈없는 솔직한 모습. 그런 모습이 브랜드를 만들었고, 브랜드는 신뢰로 작용했다. 내가 하는 말은 브랜드 철학이 되고, 나의 행동은 곧 이미지가 된다고 생각하면 언제 어디서나 말 한마디, 행동 가짐을 더 올바르게 하게 된다.

　나의 구독자 중엔 고객도 있고, 잠재고객도 있다. 온라인을 통해 연락해 와서 구매로 이어지는 사례도 많이 생겼다. 고객들은 내가 유튜브를 하고 있다는 것 자체가 '이 사람은 거짓으로 물건을 팔지는 않겠구나.' 하는 신뢰를 준다고 했다. 그리고 이미 내가 올림 영상 자료를 보고, 인터넷으로 차종 및 특성에 대해서 검색을 한 후에 나에게 구매하기로 마음을 먹고 온 분들이기 때문에 계약 시간이 단축된다. 이미 제품에 관해서는 다 알고 있으니 이왕 살 거라면, 믿을 수 있고, 추후에 문제 생겼을 시 맡길 직원에게 사고 싶다는 게 고객의 입장이었다. 유튜브가 성공의 추월차선이 되어주었다는 것을 실감한 순간이었다.

　또 기억에 남는 일례로 60대 중반의 부부가 의문의 검은 봉지를 가져와 랭글러를 구매한 일이 있었다. 유튜브로 나를 알게 되었다는 그들은 내용물을 알 수 없는 검정 봉지를 나에게 내밀었다. 봉지를 열어보니 돈다발이 조금씩 묶음으로 담겨 있었다. 천 원짜리부터 5만 원짜리까지 종잣돈을 모아서 오신 것이다. 그거 같이 세는데 마음이 뭉클했다. 아내분의 허락을 어떻게 받았는지 물었더니, 남편의 꿈이었다는 답변이 돌아왔다. 옛날에 코란도, 캘로퍼 등을 몰았고, 지금은 세단인데. 이젠 마지막 차라고 생각하고, 남편의 생일 기념으로 랭글러 뽑으러 왔다고 전했다. 좋으시겠다는 나의 말에 남편

분은 이젠 이차로 아내랑 같이 여행하면서 살고 싶다고 답해 감동을 더 했다.

보람 있는 순간이었다. 돈을 전부 세어보니 6천5백 정도 나왔다. 자동차 등록비까지 그 현금으로 가능했다. 그들은 자신들에게 마지막 차고, 유혹에 빠지지 않고, 담배도 피우지 않으면서 일만 해서 모은 돈이라면서 많은 돈은 아니지만, 의미 있게 쓰고 싶다고 했다. 선택된 빨간색 랭글러를 출고에 최선을 다했다. 그들의 의미는 나에게로 다가와서 더 큰 의미가 된 것이다. 나는 유튜브가 이어준 그 만남을 잊지 못하고 이따금씩 떠올린다. 이외에도 미리 전시장 방문해도 되냐는 문의도 오고, 그저 내 얼굴을 보려고 방문하기도 한다. 이제는 와서 사진 찍어가고, 얼굴 보고 대화하고 가는 팬 손님도 많아서 딱 보면 차에 대해서 궁금한지 나에 대해서 궁금한지 한눈에 보일 정도이다.

유튜브로 성공하자 용기가 생겨 다른 동영상 플랫폼 및 인스타로 점차 확장하고 있다. SNS로 연락이 닿아서 비대면으로 계약을 하더라도 출고는 꼭 시간을 내서 대면으로 직접 하려고 노력하는데 그분들은 나를 보면 같이 사진을 찍자고 하고, 좋아해 주신다. 나도 처음엔 찍는 게 쑥스럽고, 혹시 실수할 될까 봐 영상 업로드해 놓고도 편집 부분이 어색하지는 않은지, 말이 꼬이지는 않았는지 다시 보곤 했다. 누군가는 그럴 것이다. 부끄럽고 제대로 준비되면 완벽할 때 시작하겠다고. 하지만 세상에 모든 일은 완벽하게 준비되고 시작하는 경우는 극히 드물다. 하면서 점차 보완해 나가면 되는 것이다.

　내게는 유튜브가 구독자와 가장 빠른 소통이 가능한 공간이었다. 내가 만약 주변의 만류에 포기했더라면 지금의 카준형은 없었을 것이다. 그때 나에게 안될 거라고 했던 사람들은 나중에 어떻게 하는 거냐고 물어왔다. 초반에 선구자가 되면 나중에 사람들은 "봐 내가 잘 될 거라고 했지?" 이런 식으로 후견편파적인 입장을 내놓는다. 걱정할 것 없다. 마이웨이로 가자. 트렌드보다 중요한 브랜드를 구축하자. 시간과 비용이 절감되면 영업인으로서 큰 매리트이자, 동시에 브랜드가치는 단단해진다. 빠른 속도는 물론이고 더 많은 성과와 탄력적인 목표 달성을 위하여 당신의 분야로 당신이 만들 수 있는 브랜드를 꼭 하나씩 만들어 보길 추천한다.

———— ♦ ————

　미루지 말고 바로 잠시 시간을 내어 나를 표현할 한 문장.
　나를 상징하는 단 하나의 키워드를 생각해 보는 건 어떨까?

랭글러 카씨
(유대감)

가끔 사람들은 나에게 어디 '카씨'냐고 물을 때가 있다, 장난일 때도 있지만, 정말 천진한 물음일 때도 있어서 당혹스럽기도 하다. 하지만 걱정하지는 않는다. 나에겐 준비된 답변이 있기 때문이다. 나는 어디 카씨냐는 질문을 받으면 웃으면서 자연스럽게 '랭글러 카씨'라고 답한다. 그러면 나의 배경(지프의 영업사원이었음)을 아는 사람들은 또 그 답을 듣고 웃음버튼이 눌린다. 몰랐던 사람들도 나중에 알게 되면 잊지 않고 오래 기억하고 같이 웃게 된다. 퍼스널 브랜딩이 그리 특별한 게 아니다. 자신을 브랜드화해서 '지프' 하면, 카준형. 카준형 하면, 지프. 이렇게 딱 떠올릴 수 있도록 만드는 것이 바로 퍼스널 브랜딩인 것이다.

여기에 나를 설명하는 키워드나 소재와 연결 지어 유쾌하고, 기억에 남는 별명이나 농담을 만들어내면 더욱 쉽게 각인이 될 수 있다. 별명이나 수식이 있으면 이름과 직업을 동시에 세트로 홍보가 가능하다. 영업할 때 가장 힘든 일 중 하나가 바로 아이스 브레이킹이다. 초면이었다면 고객과의 거리감을 좁히는 스몰토크가 필요하다. 하지만 나를 이미 알고 있다면 어떨까? 상황은 훨씬 우호적으로 달라진다. 나를 이미 유튜브로 보고 온 고객들이 먼저 알은체 해주거나, 장난을 치고, 영상 이야기를 나누면서 쉽게 공감대를 형성한다. 고객과 장난을 치면 이미 벽은 허물어진 것이나 다름없다. 이렇게 되면 계약 확률은 기하급수적으로 높아진다. 왜냐하면, 내가 나를 설명하지 않고, 명함을 주기도 전에 상대는 이미 나에 대해서 영상으로 잘 알고 왔기 때문이다. 그럼 이미 호감도가 상승해 있는 상태이기에 내가 무슨 말을 하건, 웃고 장난치건, 구입할 확률은 더 높아진다. 지프에 대해서도 영상으로 봤기 때문에 출고 시간 또한 절감된다.

👤 "팀장님, 영상으로 다 봤어요. 중립 주차하는 방법도 영상으로 이미 다 봤어요."

고객님들은 내 영상을 보면서 이 사람은 진실하다. 자신의 인생에 진솔하고, 차에 진심인 사람이다. 하는 이미지가 있어서 나를 찾아왔다고 전했다. 이후 나는 내 소중한 브랜드 이미지를 충족하기 위해 더욱 그런 사람이 될 수 있도록 공부하고 애쓰고 꾸준히 노력했다.

내가 주변에 알려지고, 영업으로 다시 성공한 것이 알려진 이후에 무소식이 희소식이라던 엄마에게 전화가 왔다. 심심한 안부를 묻던 엄마는 대뜸 본론으로 들어갔다.

👤 "준형아. 글쎄 난 몰랐지 뭐야? 너 엄마한테도 얘기 안 하고 왜 개명했니? 너 언제 카씨됐어?"

👤 "난 여전히 김준형이고, 채널 이름이 카준형이에요. 이건 그냥 온라인상 활동명이라고 생각하시면 돼요."

👤 "아 그런 거냐? 내가 그런 거는 몰랐네. 주변에서 하도 너를 물어보니까……"

브랜드는 의도치 않게 엄마와의 거리감을 허무는 데도 공헌했다. 사람들은 입에 붙으면 자주 언급하게 된다. 그러다 보면 그것만의 고유한 이미지가 생기고 그 이미지는 리듬감과 안정감을 준다. 브랜드를 만들었다면 적극적인 자기 PR이 필수이다.

온라인으로 브랜드를 만들면 좋은 또 다른 이유는 바로 효율성이다. 온라인 플랫폼 활용하기에 따라서 전 세계적이다. 전시장에서 영업하면 고객과의 1:1 만남이었다. 하지만 지금은 1:N 만남이다. 낚싯대와 그물 정도의 차이다. 인스타와 유튜브는 24시간 쉬지 않고 나를 홍보한다. 내가 자는 동안에도 미국 일본 중국 등, 세계 각국에서 나를 찾아볼 수 있으니 그저 신기하고 감사하다.

어떤 사람은 자기만의 프라이버시라고 인스타에 개인적인 것만 올리는 분들이 있는데, 그런 이유라면 계정을 늘리면 된다. 새롭게 계정을 만들어서 하나는 직업적으로 PR을 할 수 있는 인스타를 만들고, 개인적으로 하고 싶은 다른 것은 직업과 별개로 자신의 취미나 개인의 용도에 맞게 운용하는 것이다. 회사 직원들하고는 인스타를 공유 안 하려고 하는 직원들도 많다. 왜냐하면, 자신이 개인적으로 만든 계정에는 회사 욕을 할 수도 있고 자기가 또 만나는 사람이 회사와는 별개로 다른 분야의 사람이 있을 수도 있기 때문에 요새는 계정을 2개 이상 만들어서 활동하는 사람이 많아졌다.

중요한 점은 영업에도 사람마다 선호하는 유형이 존재한다. 고객이 나의 친근한 모습을 좋아할지, 전문적인 모습을 좋아할지, 상황에 따라서 당신의 이미지를 만들어 나가면 된다. 예를 들어 내가 부자들을 상대하는 자산관리사라고 하면, 프로다운 모습을 보여주기 위해서는 아무래도 성공한 모습이나, 더 있어 보이는 모습을 노출하는 게 중요하다. 이럴 때는 친근감 있는 모습보다는 사무적인, 경력이나 회사 내 업적을 직·간접적으로 노출하는 게 더욱 효과가 크다.

고객들이 내 어떤 모습을 좋아할까? 어떤 것을 보고 싶어 할까?

한번 생각해 본 후에, 역지사지로 메이킹해 나가길 추천한다. 나의 경우에는 '지프의 윤종신, 차의 진심인 남자 카준형입니다!' 하고 나를 기억할만한 멘트를 한다.

각자 사신의 분야에 자기만의 콘셉트가 있어서 프로페셔널한 멘트라든지, 친근감을 형성해 주면 고객과 소통하고 연결되는 데에 훨씬 유리할 것이다. 여기서 생길 수 있는 오해를 바로 잡자면, 인간미나 친근감을 강조한다고 해서 전문적인 것을 포기하라는 말이 아니다. 자신의 분야에 대한 전문성은 당연히 베이스로 두고, 레이어를 쌓듯이 이미지를 형성하는 것이 중요하다. 당신의 소개 멘트나 인스타 등 대외적인 이미지를 어떻게 관리하는지 꼭 한번 점검해 보고 당신의 고객분들이 어떤 이미지를 좋아할지 끊임없이 고민해 보기 바란다.

———— ◆ ————

최대한 많은 사람과 동시에 만날 수 있는 환경 설정이
당신의 가치를 높인다.

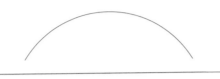

나만의 시그니처
클로징멘트 만들기

당신은 자신만의 멘트와 상징 모션을 가지고 있는가? 사람의 기억
은 공감각적 요소를 통해서 기억을 장기화시킨다. 보는 것과 듣는
것, 말하는 것 등 반복된 모습이나 패턴이 그 사람을 표식 하는 하나
의 상징이자 시그니처가 될 수 있다. 나는 인사를 시작하거나 끝맺
을 때 검지를 옆으로 세우면서

 "안녕하세요~! 차에 진심인 남자 카준형입니다!!!!"

하고 말한다. 이 인사말에는 의미가 담겨 있다. 바로 나의 직업과
이름을 알게 함과 동시에 나는 꼭 전국 1등 하겠다는 의지도 담겼
다. 왜 두 번째 손가락인지 궁금할 것이다. 그 첫 번째 이유는 엄지
는 누구나 하는 최고의 표시이고, 셋째 손가락은 잘못 올리면 큰일

삶의 끝자락에서 인생을 알았다

나고, 네 번째는 안 올라가기 때문에 쉽게 따라 하기 어렵다. 그리고 다섯째는 약속이라는 보편적인 상징이 있어서 두 번째 손가락인 검지로 하고, 그것도 보기 좋게 옆으로 세웠다. 오래 고심해서 만든 보람이 있었다. 내 유튜브를 본 많은 사람이 이 제스처를 똑같이 하면서 '카준형 입니다!!'라는 멘트 역시 세트로 기억한다. 멘트의 끝을 힘주어 올리면 말하는 이도 듣는 이도 분위기가 밝아지며 긍정 에너지가 전달된다. 이 멘트는 간단해서 외우기 좋아서 타 업종에서도 많이들 모방한다. 나는 그러면서 브랜드가 더욱 확장되고 동시에 단단해진다고 느낀다.

이토록 중요한 자신만의 소개 멘트와 제스처는 어떤 방법으로 만들어야 좋을까. 콘셉트는 한번 잡으면 항상성이 생긴다. 그러면 새로 바꾸기 어려워지므로 신중하게 정해야 한다. 그래서 아마 더욱 고민될 것이다. 그런 분들을 위해서 내가 생각한 포인트를 몇 개 말해보면,

▎1. 직관성
바로 내 직업과 내 포부를 동시에 전할 수 있는 간결한 한 문장일수록 좋다. 호기심을 일으키는 것도 좋지만, 대중성을 속히 획득하려면 문장의 의미만으로도 직관적으로 나를 알 수 있게 해야 한다.

▌ 2. 편의성

그리고 나만의 인사말과 제스처를 시그니처로 만들려면 꾸준하게 반복해서 사용 가능해야 한다는 점이다. 바로 입에 붙지 않고, 제스처도 쉽지 않으면 아무리 자신이 반복한다고 하더라도, 타인이 쉽게 따라 하거나 기억하려는 의지조차 사라질지도 모른다.

▌ 3. 리듬감

같은 한 문장이라도 억양을 달리하여 강조하면 힘 있게 느껴질 수 있고, 그 음률 때문에 더욱 내용을 기억하기 쉽다.

이처럼 어렵지 않으면서 나를 표현하는 가벼운 제스처나 문구, 억양 등을 만들어 놓는 것은 자신을 브랜딩 하는 데 큰 도움을 줄 수 있다. 다른 이의 눈이나 기억에 남을 수 있도록 수많은 사람이 한 번만 듣고도 잊어버리지 않을 만큼 개성 있는 것이어야 한다.

나의 인사 멘트에는 차, 진심, 카준형 이렇게 세 개의 굵직한 키워드가 들어간다. 이 인사를 들은 사람들은 카준형이라는 사람은 차에 진심이구나 차와 관련된 지식이 많겠네. 하는 자동 이미지가 완성되는 것이다. 또한 나의 멘트는 안정적인 숙어의 형태라 응용하기 쉽다.

- 눈코입에 진심인 남자 ~입니다.

- 족발에 진심인 남자 ~입니다.

- 네일에 진심인 여자 ~입니다.

- 헤어에 진심인 여자 ~입니다.

등등 주변 지인들이 재치 있게 응용한다. 나는 그런 모습을 볼 때마다 재밌기도 하고, 감사하다. 강연장에서 사람들은 내 이야기를 듣다 보면 남녀노소 할 것 없이 자주 울게 되는데 그런 분들 역시 이미 강연에 빠져 있었다면 나를 확실하게 인지해준다. 강연이 끝나고 기념사진 촬영을 할 때 이젠 하나 둘 셋 하면, 100명이면 100명, 600명이면 600명의 사람이 시그니처를 다 알고 검지를 올린다. 진심이 전해져 신뢰가 쌓이고, 신뢰는 성공의 척도가 되는 선순환이 이뤄진다. 이처럼 작은 행동이나 문장이라도 브랜드가 생기면 트렌드는 따라오기 마련이다. 유명한 챌린지도 누가 하느냐에 따라서 인기 급상승 동영상이 되고, 안 되고 하듯이 브랜드 인지도는 중요하다. 그리고 그 인지도를 만들기 위해서는 일단 브랜드를 구축해야 하는 게 당연히 선행되어야 한다. 블로그, 인스타, 카페, 페이스북 등등 여러 매체가 있지만, '카준형' 브랜드는 유튜브에서 가장 많이 성장하고 수혜를 보았다. 나의 유튜브를 보고 손자 같고, 친근하다며 집 주변에 지프 매장이 있는데도 나에게 사고 싶다고 전화를 걸어온 고객들이 많다. 전화 통화하면서 계약금이나 잔금 등 적지 않은 돈을 보낸다. 유튜브를 통해서 신뢰가 쌓였기 때문에 인지도를 담보로 그들은 나를 믿어주는 것이다. TV는 한번 방영되면 거의 다시 보지 않지만,

유튜브는 짧으니 반복해서 보면서, 계속해서 고정 시청자와 신규 시청자가 늘어간다.

사실 나도 채널 이름 정하는데 한 달 걸렸다. 내 이름이 김준형인데 자동차 쪽에서는 유일무이하게 뭘 하면 좋을까? 하면서 오래 고민하고 연구했다. 유튜브 썸네일 문구도 뭐가 적당할지 종이에 적어보고 입에 붙는지 입으로 중얼거렸다.

"지프 프로. 지프 넘버 원. 지프 생각. 지프 마인드. 자동차 준형, 카준형, 그래 카준형."

그렇게 채널도 '카준형'이라고 정하면서 나는 상표 등록도 '카준형'으로 했다. 그것도 모자라 올 카준형, 차준형 등등 카준형과 이름이 비슷하거나 확장할 수 있을 만한 키워드까지 50개 정도를 사서 상표를 등록했다. 주변에서 상표 등록 없이 하다가 유명해지니 유사 채널이 나타나거나, 혹은 자신이 먼저 상표 등록했다고 포기할 테니 얼마를 달라, 식의 피해 사례도 익히 들어왔기 때문에 더욱 철저히 준비했다. 준비가 끝났다면 자신을 가장 잘 표현하는 것부터 내보이면 된다. 나 역시 채널과 함께 여전히 성장 중이다. 브랜드는 꾸준히 쌓아가는 분야라서 더 의미가 있다.

—— ◆ ——

온라인 매체의 파급 효과는 놀라웠다.
나를 아는 사람이 한 명씩 늘어가는 게 아니라
한 명에서 100명, 100명에서 천명
이렇게 방사형으로 나는 퍼져 나간다.

포기하지 않는 것도
실력이다 (유지)

자신을 홍보하기 위해 인스타나 유튜브를 시작하는 사람들은 많이 있지만, 성공하는 사람들은 sns 활동을 시작하는 인원에 비하면 적다. 그 이유는 알고리즘의 부름을 운으로 치부하고 중도에 포기하는 사람들이 생각보다 많기 때문이다. 영상이나 사진 등을 올리다 보면 어떤 영상은 조회 수가 나오고, 어떤 영상은 조회 수가 나오지 않고, 어떤 피드는 '좋아요'가 많지만, 어떤 피드는 '좋아요'가 적다. 정말 sns의 세계는 예측 불가 그 자체이다. 유명인 채널에 언급되면서 순위가 역주행하기도 하고, 지금까지는 나를 몰랐던 누군가가 조용한 새벽, 내 영상으로 희망을 얻으며 하나씩 정주행 하고 있을지도 모른다. 실제로 나의 예전의 영상들을 보고 연락이 와서 계약까지 이어지는 사례가 무수히 많았다.

그러나 그 단계를 견디지 못한다. 일부 사람들은 일확천금을 바라지만 지속할 의지나 에너지는 없는 것이다. 꾸준히 콘텐츠를 올리다 보면 그중에 하나만 터져도 그쪽으로 개발해서 비슷하게 다른 콘텐츠를 특화하면 계속 그쪽으로 터질 수가 있는데, 그조차 조바심 나서 기다릴 여력이 없다.

누군가는 할 수 없다고 포기하는 순간에도, 다른 누군가는 묵묵히 그 일을 해내고 있다.

결국, 브랜딩은 종합적인 이미지의 결과다. 대외적인 이미지, 서사적인 이미지, 직업적인 이미지, 온·오프라인에서 보이는 모든 이미지의 누적값이다. 그렇기에 꾸준히 노력하고 발전하지 않으면 브랜드를 유지하고 성장할 수 없다.

당신이 단정하고 바른 이미지라면 카메라가 켜지지 않은 평소에도 이미지를 고수하고 실천하기 위해서 자신을 절제하고 노력해야 한다. 이미 팬덤이 형성되었다면 팬들에게는 그 사람에 대해 구축된 이미지와 느낌이 있을 것이다. 보이는 이미지와 실제 모습이 일치하는 경우가 대부분이지만, 간혹 실제와 다른 경우도 있다. 그를 믿고 사랑했던 팬들은 그 다름을 용서할 수가 없다. 평소 이미지와 다른 이슈로 도마에 올랐을 때 다시 재기하지 못하는 연예인들을 보면 알 수 있듯, 팬들의 배신감이 얼마나 큰지 어림짐작할 수 있다. 나도 내 과거의 모든 것을 솔직하게 오픈하고 대중에게 다가가면서, 성실하고 정직하며 절실한 이미지가 디폴트 값으로 갖춰져 있다. 성실하게 살아온 차에 진심인 남자. 그들은 나를 검소하고 겸손하며 밝은 이미지로 바라 봐준다. 언젠가 내가 평소와 달리 깔끔하고 단정해 보이려고, 주변에서 선물 받은 셔츠와 안경을 착용하고 방송을 찍은 적이 있다. 선물 받은 물건이라 얼마인 줄 몰랐는데 영상이 올라가자마자 얼마 안 가서 댓글을 통해서 알게 되었다. 해당 영상 댓글에서, 저 안경은 유명 브랜드, 저 셔츠도 명품이고, 얼마네 하면서, 카준형 진짜 돈 많이 벌었네. 하는 이야기가 나왔다. 그 댓글 때문만은 아니지만, 그 글이 나에게 준 메시지는 나는 당신이 당신다웠을 때 좋았다, 가 아닐까 생각한다. 지금은 의식해서는 아니지만, 나 역시 내 모습이 위화감을 줄 수 있다는 생각에 원래 쓰던 안경을 쓰고, 원래 즐겨 입는 폴로셔츠를 입었다. 이후 나는 물건을 고를 때도 더 신중하게 되었으며 내 이미지와 실제의 나를 최대한 일치시킬 수 있도록 노력했다. 구설수에 오르거나 논란을 만들지 않도록 똑바로 사는 것이 관심에 대한 보답이라고 생각했다. 또한 집에서도 차와 삶에 진심인 만큼 내 가족에게 시간을 내서 진심을 다하기 위해서 더욱 애썼다. 나는 아이들과 새벽 5시에 나가서 축구하고, 7시 40분까지 들어와서 애들 학교 보내고, 나도 챙기고 출근한다. 전날 술을 조금 했거나 강의한 날은 안 피곤하다면 거짓말이다. 하지만 나 자신과의 약속이다. 아이들과 시간을 보내야 내 마음이 편하다. 내가 아들하고 보내는 이 시간, 내가 사랑하는 사람하고 있는 시간, 이 시간들은 가치를 따지지 못한다. 사람은 눈에 보이는 것은 중요시하면서 눈에 안 보이면 이렇게 소중한 건데도 가치를 모른다. 시간을 돈으로 환산해서 준다고 하면 서로 하겠다고 난리 난다. 하지만 돈으로 환산되지 않는 시간은 가치 있게 느끼지 못한다. 그런데 아이가 보는 시간의 가치도 그럴까. 언젠가 우리 아들이 나에게 말했다.

🧑 "아빠, 아빠는 진심인 남자잖아요. 차에도 삶에도 진심이잖아요. 근데 왜 저희들한테 진심이 아니에요?"

그 순간 한 대 맞은 기분이었다. 밖에서 100점이고 판매왕이라도 집에서 빵점짜리 아빠인데 가족하고 행복하려고 성공했는데 생각해 보니까 오히려 돈 벌고 아이들한테 점점점 마이너스 아빠가 되어 가고 있었다. 그때 그 기억이 떠올랐다. 옛날에 대리운전 갈 때 가지 말고 놀자며 울던 아이들의 얼굴과 무거운 바짓가랑이를 끌고 일하러 향했던 날들이 말이다.

나도 물론 처음부터 일치되지는 않았다. 얼굴이 알려지면서 외부에서도 알아보는 사람들이 늘었다. 나는 그들을 모르지만, 그들은 나를 알고 있어서 겪는 민망한 상황도 많았다. 모르는 분인데 나에게 잘해주면 혹시 저 아세요? 하고 물으면 역시나 알고 있는 경우가 많았다.

얼마 전에는 이런 일도 있었다. 가족들과 함께 차를 타고 이동하는데 BMW 5가 갑자기 앞으로 끼어들었다. 차에 아내와 아이들이 위험할 수도 있었겠다고 느껴져 순간적으로 화가 났다. 나는 가만 안 두겠다면서 불러 세워서 한마디 해야겠다고 말하며 거칠게 앞질러 조수석 창문을 쓱 내렸다. 그리고 한마디 해줄 참으로 창을 내리라고 제스처를 해 보였다. 그쪽도 창문을 내렸다. 그런데 운전석 옆에 남자분이 와 카준형님 오랜만입니다, 하고 반갑게 인사했다. 운전자는 내 고객의 아내였다. 그 순간 나는 "역시 옆좌석의 실루엣이 딱 고객님인 줄 알고 창문 내려보라고 했죠."하며 웃으며 인사하고 다시 창문을 올렸다. 그랬더니 아내가 "욕해. 원래대로 성질 내봐." 말하니까 아이들이 뒤에서 키득키득 웃으면서 거들었다.

🧑 "아빠 뭐 하세요? 아깐 화낸다고 했잖아요."

나는 얼굴이 빨개져 고개를 숙였다. 조수석에 있던 아내가 한마디 했다.

🧑 "조심해. 여보. 방금처럼 기분대로 했다가 진짜 실수할 수도 있어."

얼마 전에도 전자제품을 사러 갔는데 머리도 빗지 않고, 슬리퍼 차림이었던 나를 알아보고 할인을 해줬다. 그때 언제 어디서나 이미지를 관리해야겠다는 생각이 들어 최소한 모자는 쓰려고 노력한다. 나의 트레이드마크는 이빨이다. 그러니까 아무리 모자를 쓰고 안경을 바꿔도 속일 수가 없다. 하관이랑 입만 봐도 딱 알아본다. 내가 어떻게 알았냐고 물으면 어떻게 모르겠냐면서 이빨 보니까 한 방에 알겠다는 대답이 돌아온다.

　가족끼리 고깃집을 가도 그렇고, 심지어는 대중목욕탕에서도 알아보는 경우도 많다. 탕에서 힐끔 거리는 시선이 느껴지다가 나중에 결국 현관에서 혹시 카준형님 아니세요? 하면서 사진을 찍곤 한다. 끝내 바라만 보다가 사라진 구독자는 나중에 영상 댓글에 '언제, 어디에 계셨죠? 그때 말 걸고 싶었는데 참았습니다.' 하고 남긴다. 알아봐 주는 것은 행복한 일인 동시에 언제든지 남이 나를 알아볼 수 있다는 사실은 그 자체로 평소 행실을 더 바르게 해야겠다는 책임이 된다.

　물론 유튜브에서 본 이미지도 있고, 강연으로 계속해서 쌓이는 이미지도 있으니까 어느 상황에서도 반은 먹고 들어가는 것 같다. 일면식도 없는 분들이 나의 삶에 동기부여를 얻고 열심히 살겠다는 댓글을 남기면 감사하고 경건해진다. 내가 원래의 나보다 더 멋지게 받아들여지는 것 같고, 나도 사람인지라 나태해지거나 놀고 싶을 때도 있고, 실수하기도 하는데 내가 매체에서 강조한 진정성 있고 성실한 이미지를 나라는 사람의 전체로 보는 것 같아서 부담과 걱정이 밀려들 때도 있다. 하지만 이제는 좋게 봐주는 만큼 책임을 다해 실제로 갭을 더 좁히기 위해서 더욱 노력해야겠다는 다짐이 된다.

조금만 더 적극적으로 나서자, 남이 나를 알아주길 바라지 말고, 내 페이스에 맞춰서 나를 계속 알리면 기회는 살면서 한 번이라도 분명히 온다. 한데 노력하지 않으면 기회가 왔는지, 조차 알지 못하고 지나쳐 버린다. 진짜 노력하고 준비된 사람은 기회를 100% 잡을 수 있다. 준비된 행운은 반드시 있다. 기회를 잡을 수 있으면 역전할 수 있다. 내가 웃는 연습을 하다가 지프의 부름을 받았듯이 말이다.

내가 매출 1위를 찍고, 유튜브로 얼굴을 알린 후에 일이다. BMW 한남 전시장에 차를 계약하러 간 적이 있다. 그때 내가 예전에 발레 시절에 함께 일하던 동갑내기 친구가 나와 문 열어주었다. 우리는 서로의 눈에서 만감이 교차하는 걸 느낄 수 있었다. 그는 나에게 유튜브 잘 보고 있고 응원한다면서 본인도 나처럼 되고 싶다고 말했다. 그 말을 듣는데 예전 생각도 나고 마음이 짠했다. 그는 변화가 두려워 아무것도 하지 않았고, 그래서 아무것도 변하지 않았다고 말했다. 어쩌면 나 역시도 아무것도 하지 않았다면 아무 일도 일어나지 않았을 것이다.

경비나, 대리 운전기사. 가사 관리사도 자기 기록을 계속 남기는 시대가 되었다. 이제 정말 직업의 귀천이 없다. 가사 관리사님은 인스타에 60대의 파출부 하는 아줌마 인생, 해서 올리는 데 그게 또 반응이 좋다. 사람들은 그런 진실한 매력에 끌린다. SNS는 가장 솔직한 자신을 자신이 원하는 대로 보여줄 수 있는 창구다. 투박하게 인사하고 자신이 하는 일을 1분 미만의 영상으로 올리기만 해도 조회수가 오르고 매출이 오르는 세상이다.

정성을 다하면 언젠가 돌아오리라는 마음으로 임하자. 주변에서 묻는다. 그건 당신에게 좋은 상황, 혹은 좋은 사람만 다가와서 잘된 것 아니냐고 말이다. 하지만 좋은 사람도, 상황도 내가 좋은 사람이 되어야 나에게 다가온다. 사람들도 안 보는 것 같지만 다 본다. 포기하지 말고 계속 정진하자. 대중적이고 효율적인 SNS 플랫폼을 잘 활용하여 영업의 최대 성과를 꼭 맛보았으면 좋겠다.

———— ◆ ————

브랜드에 정답은 없지만
실제 자신과 얼마나 균형과 조화가 어우러지는
고려 해야 한다.

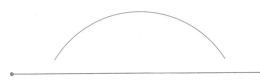

퍼스널 브랜딩도
결국 노력의 결과 (본질)

마지막으로 사람들이 간과하는 부분이 있다. 인지도에 따라서 홍보를 많이 하지 않아도 대중성은 절로 따라오는 것 아니냐는 것이다. 이미 시작하기도 전에 기울어진 운동장이라고 생각하는 것이다. 유명인이면 SNS 개설 시에 기본 구독자나, 팔로워를 확보한 채로 시작하는 것은 사실이다. 하지만 그것만으로 불공평하다고 섣불리 단정 지을 수는 없다. 일반인 중에서도 노력만으로 연예인만큼이나 인지도가 높고 희소가치 있는 유명인들이 많다. 또한 그들이 유명해진 건 그들의 노력과 운이 만났기 때문이다.

그들 역시 유명해지기 전에 무명 시절을 견디며 서서히 이름을 알려왔고, 자신의 핵심 가치관이 무엇인지, 가슴 뛰게 하는 일이 무엇인지에 대해서 치열하게 고민했다. 그리고 실천해 왔다. 수치화할 수 없는 노력의 시간과 밀도는 본인만이 알고 있을 것이다. 유명인들은 오래전부터 자신의 브랜드를 만들어 놓았기에, 후에 대중성이라는 마케팅 효과가 따라온 것이다. 그들은 유명세가 있음에도 자신의 브랜드를 홍보하기 위해서 어떻게 하면 사람의 마음을 얻을 수 있을지 연구하고, 밤새 고민한 밤이 있었을 것이다. 그리고 자신의 브랜드 철학을 가지고, 자신의 자아와 일치시킬 수 있도록 부단히 노력하고 있을 것이다. 그 모든 노력의 결실이 바로 지금 그들이 만들어낸 브랜드가치다.

브랜드가 되기까지 앞서 말한 이미지, 작품, 주변의 반응 등등 다양한 요소들이 결합하여 호감도를 높인다. 더 많은 사람이 알면 알수록 브랜드가치는 높아진다. 브랜드가 있어야 마케팅이 따라온다. 브랜드 없는 마케팅은 맨땅에 헤딩하는 것이나 다름없다. 80~90%는 브랜드에 힘쓰고, 어느 정도 브랜드가 단단하게 구축된 이후에 마케팅하는 것이 좋다. 균형과 배분이 중요하다. 만약에 헤어숍을 오픈했더라도, 유료 광고로만 홍보하는 것이 아니라, 실제 다녀간 SNS 리얼 후기 인증 시 재방문 할인 혜택을 주는 식의 이벤트를 통해서 고객들이 느끼는 실제 이미지를 간접적으로 알려야 한다. 그 이미지를 본 가망고객들에게 꾸준히 후기가 좋은 헤어숍이라는 사실을 서서히 각인시키는 것이 중요하다. 그러면 그들이 바로 당장 고객으로 오지는 않을지는 몰라도, 실제 고객들의 후기가 좋다면 고객들은 '기회가 되면 저기 한번 가볼까.' 하는 생각을 무의식 중에 반복하게 될 수 있다. 그 무의식이 무섭고 놀라운 '브랜드 가능성'이다. 그 가능성을 만들기 위해서는 인내와 기록이 선행되어야 한다. 끊임없이 어떤 이미지를 강조할지 아이디어를 기록하고 그에 맞춰서 더욱 강화하기 위해 노력하고 전달해야 누적된 이미지를 형성할 수 있는 것이다.

간혹 어떤 이들은 유명해지고 싶고, 부자가 되고 싶으며, 매출 1위를 탐내면서도, 그에 따른 인내와 노력, 그리고 불편함은 책임지려고 하지 않는다. 또한 성공한 이들을 노력을 단순한 운으로 치부하려고 애쓰면서 자신을 변명한다. 그래서는 결코 변할 수가 없다.

퍼스널 브랜딩에서 잊지 말아야 하는 것은 당연하게도 '자신'이다. 꼭 브랜딩이 잘 된 사람들을 부러워만 할 이유도, 그들을 추종하며 모방할 이유도 없다는 이야기다. 타인이 성공적인 브랜딩을 했다면 참고만 하고 응용하면 그만이다. 중요한 사실은 천재스럽고 특출 나야만 성공하는 것은 아니다. 솔직한 매력, 단순함, 꾸준함, 성실함 역시 사람들은 꾸준하게 좋아하고 응원한다. 중요한 것은 이런 자신이 가진 강점이나 아이덴티티를 어떻게 찾고, 나를 표현하면서, 효과적으로 전달하는지가 중요하다. 가치관과 사람이 일치했을 때 주는 감동은 고스란히 상대에게 전해지기 마련이다.

한 예로 나는 타 방송에 나가서 인터뷰를 할 때도 차를 닦고 뛰어다니면서 인터뷰를 했다. 설정이 아니라 내 몸은 일을 하지 않고는 못 배기는 몸이었기 때문에 무심코 나온 버릇이었다. 인터뷰 전에도 내가 마흔 넘어서 전시장에서도 뛰어다니는 것을 보고 대표님도 뛰어다니지 말고 좀 천천히 하라고 할 정도였다. 하지만, 나는 과거에 대리운전할 때 급하게 콜잡고 뛰던 습관이 여전히 몸에 남아서 걷거나 움직이지 않는 게 더 어렵고 힘들었다. 본의 아니게 인터뷰를 하면서 취재하는 PD까지 뛰게 했는데, 댓글에서 누군가 나에게 저 사람은 찐이다. 한 번도 일을 쉬지 않으면서 말한다.라는 멘트를 남겨주었다. 그는 인터뷰에서 전하는 말보다, 체화된 나의 생활 태도를 보며 나라는 사람을 직관으로 관통한 것이다. 내가 가만히 앉아서 말만 했다면, 그는 그런 생각을 하지 못했을 것이고, 나는 내 행동이 그렇게 비칠 줄은 생각하지도 못했을 것이다. 그 순간 나는 평소의 모습 역시 브랜드를 만드는 중요한 행동기록으로 남는다는 것을 체감했다.

브랜드는 한순간에 만들어지지 않는다. 브랜드의 내적 가치가 충분할 때 비로소 외적으로도 반경이 넓어지는 것이다. 자신만의 신념과 구심점(동력)이 있다면 그것을 선두로 시작해 가치의 방향을 확립해 나아갈 수도 있을 것이다. 발 빠르게 성장하는 시대지만 당신 삶의 주도권은 당신에게 있다. 자신의 분야에서 대가가 되기 위한 과정이 그대로 브랜드가 될 수도 있다. 그러니 당신의 목표가 있다면 목표를 잊지 말고 매일 시도하라. 체계적으로 그리고 공유하라.

꾸준함이 진짜를 만든다. 어느 분야에서건 (number one) 첫 번째나 특정 무리 중 으뜸인 사람이 아닌, (only one) 나만이 가능한 사람이 되면 될 일이다. 내가 선택한 길이 남들이 봤을 땐 순탄치 않은 길이고, 그 과정이 길고 외로울 것이라고 해도 끝까지 가보자. 자신에게 의미와 가치가 있다면 그 일에 끝까지 매달려 놓치지 않기를, 그리하여 끝내 성취하기를 바란다.

———— ◆ ————

기억하라. 어떤 분야가 되었건,
자신의 분야에서 성공한 사람에겐
원하는 목표에 집중하여 노력을 기울인
'절대적인 시간'이 있었다는 것을.

말은 연출이고
행동이 진심입니다

지금은 지프를 나와 독립하고, 강연과 다른 일들이 더 많아졌지만, 여전히 시간이 날 때면, 어떻게 해야 영업을 더욱 잘할 수 있을지를 끊임없이 고민합니다. 이렇게 고민한 것은 실천할 때 비로소 힘으로 전환됩니다. 가끔 보면 말만 하다가 다른 사람들이 실천해서 성공하면 나중에 아, 내가 먼저 생각했었는데, 하고 푸념하는 소리를 심심치 않게 듣습니다. 하지만 그 보상은 실천하는 자만의 것이라는 사실을 그들도 이미 알 것입니다. 저 또한 고민하고 생각했던 일을 하나, 둘 몸소 부딪히면서 실천하니, 생각만 하고 있을 때보다 더 많은 것을 이뤘고, 다양한 가능성을 발견하게 되었고, 더욱 겸허히 배우게 되었습니다. 그 순간 느꼈습니다. 이런 모든 과정을 통하여 제 스스로가 떳떳하게 빛난다는 사실을요.

　이 책은 실질적인 영업 교과서이며, 동시에 삶의 벼랑 끝에 선 이들이 힘든 시기를 잘 건널 수 있도록 돕는 손길이자, 징검다리 역할을 했으면 좋겠습니다. 저도 삶의 끝까지 가봤기 때문에 생명의 소중함에 대해서 말할 수 있었습니다. YTN 라디오 1분 생명 그 소중함을 위하여 방송은 50초이지만, 그 1분도 안 되는 시간 동안의 송출은 놀라운 피드백을 불러왔습니다. 라디오에서 흘러나온 제 목소리를 듣고 주변에서 반가웠다면서 연락이 왔습니다. 친한 택시 기사님을 포함하여 60대 팬이자 고객님, 그리고 아는 지인 등등이었습니다. 그들은 라디오로 들은 제 목소리 덕분에 기분이 좋아지고 힘이 난다면서, 앞으로도 정진하라고 응원과 안부의 메시지를 보내주었습니다.

　저에게는 지우고 싶은 아픈 과거였지만, 그 과거의 순간을 통해서 저의 진심을 가장 진정성 있게 전달할 수 있게 되었으니 참 상황이 아이러니합니다. 세상에는 여전히 보이는 눈물보다 보이지 않고, 말할 수 없는 감춰진 눈물이 더 많습니다. 제가 제일 힘든 것 같았는데, 옆에 있는 사람도 분명 저만큼 힘들었을 겁니다. 저만큼 힘들었을 옆에 계신 분들에게 어떤 아픔, 어떤 눈물이 있었는지는 다 알 수가 없습니다. 지나고 보면 과거는 강력한 힘이 됩니다. 부디 이 방송이 극단적인 선택을 하려던 사람의 마음이 희망으로 바뀌는 1도의 기울기가 되기를 바라봅니다.

삶의 끝자락에서 인생을 알았다

제 강연 PPT에는 입술이 부르튼 사진, 바퀴벌레 사진, 떨어진 신발 사진, 화장실에 갇혀 추위에 떠는 사진 등등이 있습니다. 강연장에서 누군가 저에게 왜 힘든 시기의 사진을 다 남겼냐고 물었습니다. 저는 그런 힘든 순간에도 그때가 끝이 아니라고, 인생이라는 무대에서 곧 다시 새로운 멋진 역할을 맡을 거라고 믿었기 때문에 그 순간을 기록하고, 남길 수 있었다고 답했습니다. 실제로 그 사진들은 저의 진정성인 동시에 지금도 여전히 초심을 잃지 않게 하는 강력한 무기가 되고 있습니다. 사람은 누구나 힘든 시절을 고통의 기억이라 남기고 싶어 하지 않지만, 만약 제가 그 시절을 이야기하며, 사진 없이 말로만 어려웠다고 말하면 감동은 절감되었을 것입니다. 창피할 게 아닙니다. 내 과거에 내가 떳떳하면 됩니다. 과거엔 고통이었을지언정 미래엔 그 모든 자료가 신뢰성의 바탕이 될 수도 있습니다. 저의 강의가 빠른 시간에 유명해지고 러브콜을 받는 것도 다양한 이유가 있겠지만, 강연에 나오는 과거 사진이라든지 생활 지표들이 더 빠르고 진정성 있게 상대의 마음속으로 침투하였기에 가능한 것일 겁니다. 그리하여 상대로 하여금 카준형도 이렇게 어렵고 힘들게 대리 운전과 데리 발렛을 4년씩이나 하고도 이렇게 멋지게 재기했는데, 왜 나라고 못하겠어? 하는 마음과 동기부여를 전달할 수 있었습니다.

힘든 시절 사진을 찍으면서 제가 바랐던 건 이 사진을 추억하게 될 성공한 미래였습니다. 그러니 힘든 순간이라고 삭제만 하려고만 하지 말고, 어떠한 형태로든 (글이나 사진으로) 남겨두라고 권하고 싶습니다. 내가 남겨놓은 이 아픔, 이 고통, 이 기록이 언젠가 잘 됐을 때는 정말 뜻깊은 스토리텔링이 되고, 나만의 역사가 될 수가 있습니다.

영업으로 우리 가족들을 반지하 방에서 구출하고, 저 역시 세상에 대한 새로운 낙관과 희망을 품게 되었습니다. 영업이 아니었다면 불가능할 정도로 제 삶이 바뀐 건 짧은 기간이었습니다. 하지만 영업 업계는 늘 '~ 팔이'로 멸칭으로 불리며 폄훼되었습니다. 어린 친구들이 저를 보고 멋지다면서 영업직을 꿈꾼다고 하면, 부모들은 저를 특수한 경우로 얘기하면서 다른 직업을 역제안하는 풍경을 많이 목격합니다. 참으로 쓸쓸하고도 안타까운 풍경입니다. 마케팅, 판매자와 소비자는 늘 존재했고, 영업이란 자본주의 시장을 움직이게 하는 동력임에도 영업직원이라는 직업에 갖는 사회의 인식은 냉담한 경우가 많습니다. 아직 대한민국에서는 영업인들이 자긍심을 갖기 어려운 것이 현실입니다. 하지만 오랜 세월 자동차 영업을 했던 제가 느낀바로 영업이란 직업은 정말 매력 있는 직업이며 서구권에서는 세일즈맨이 다양한 형태로 존중받습니다. 우리나라도 저로 인해 조금은 영업인에 대한 시선이 달라지고, 영업의 인식이 개선되는 데에 도움이 되기를 바랍니다.

저는 여러 모임을 지켜가고 있습니다. 과거에 저는 어느 모임에

초대를 받고 참석했는데, 그 모임 구성원들이 강남에서 유명한 의사, 변호사, 회계사 등 전문가들이라서 저도 모르게 위축되던 날이 있었습니다. 그 순간 저는 그 모임이 저와는 맞지 않다고 생각해서 결이 다른 것 같다고 돌려 말했는데, 그중 친한 분이 한마디 했습니다. 여기 있는 사람 중에서 선국 1등은 없으니 카준형 답게 당당하게 하라고 말입니다. 그 순간 분위기가 좋게 바뀌었습니다. 오히려 저는 그들에게 자동차 분야의 전문가로 거듭났습니다. 그 후 지금까지 그들과 함께 모임을 지속해오고 있습니다. 이렇듯 내가 먼저 거리감을 허물고 자신 있게 나가야 합니다.

자, 이 책을 완독 하신 여러분 지금 또다시 변화의 기회 앞에 섰습니다. 어느 분야에서 무슨 일을 한다고 해도 저의 영업 비법을 잘 녹여낸다면, 당신에게 분명 기회가 될 것입니다. 이 기회를 부여잡고. 원하는 것이 있다면 무조건 앞으로 밀고 나가셔야 합니다. 지금 힘들다고 포기하지 말기를 바랍니다. 이 기회를 놓치면 다시 기회를 잡기까지 또 얼마나 오랜 시간이 걸릴지 모릅니다. '내일부터 하면 되겠지.'가 아니라 '오늘부터 당장 해보자.'라는 자세로 시작하세요. 변화는 조금씩 시작해서 나중에 어머어마한 힘을 냅니다. 무엇이든지 한 번에 변할 수는 없습니다. 하지만 여러분의 노력이 쌓이고, 정성이 쌓여서 당신의 인생은 확 변하게 될 겁니다. 당신은 분명 변할 수 있습니다. 저 역시도 계속해서 스스로 동기부여를 합니다. 지금까지 여러분이 살아온 인생 경험 노하우를 부정하는 게 아닙니다.

316

당신의 인생을 그대로 살면서 이 책을 통해서 당신의 인생이 조금이라도 변화되고 전보다 더 업그레이드되기를 바라는 심정을 전달하는 것입니다. 이 책은 내가 쓴 책이지만, 나를 위한 책은 아닙니다. 이 인사이트를 통해 성장하고 변화하기를 원하는 분들을 위해 탄생한 책입니다. 유려하지는 않지만, 솔직한 저의 진심이 당신께 잘 전달되기를 바랍니다.

제가 이 책에 담은 모든 것은 실천하셔야 온전히 당신의 것이 됩니다. 그리하여 이제는 당신의 가장 빛나는 순간이 다가올 차례입니다. 당신이 성공의 기준입니다. 지금까지 잘해왔고 앞으로도 잘할 것입니다. 분명 우리는 높은 곳에서 만나리라 믿습니다. 당신이 바라는 그 위치에 오를 때까지 저 카준형이 항상 응원하며 그날을 기대하겠습니다. 이상 삶에 진심인 남자 카준형입니다!!!

———— ◆ ————

성공한 사람들이 도달한 고지는 단번에 오른 것이 아니다.
경쟁자들이 밤에 잠을 자는 동안
한 발짝 한 발짝 기어오른 것이다.

(헨리우드워드 롱펠로. 미국시인)

카준형
세일즈비법

‖ 셀프 대화법 ‖

나만의 확언 만들기

320

나만의 철칙 3가지를 세워보세요

1.

2.

3.

나만의 슬럼프 극복 방법은?

겪고 있는 결핍과 극복할 방법을 적어주세요

Q. 내가 현재 겪고 있는 결핍은?

A.

Q. 결핍을 극복할 나만의 방법(동기부여, 목표의식)

A.

각자 자기만의 인생명언을 만들어보세요

66

99

‖ 목표 설정 3단계 ‖		
최종 목표나 꿈		
인생 나침판	단기 (6개월)	
	중기 (1년)	
	장기 (3년)	
매 월 목표		

삶의 끝자락에서 인생을 알았다

‖ 주간 계획표 ‖			
주간 목표			
날짜			
요일	월	화	수
오전			
오후			
중요 사항			
계약 A/S			

	목	금	토	일

삶의 끝자락에서 인생을 알았다

‖ 고객 치부책-1 ‖			
등급	가	나	다
연락주기	2주	1개월	2개월
예비 리스트			
상담 일정			

가 김준형

❶　　　❷

❶ 예비등급

❷ 이름

삶의 끝자락에서 인생을 알았다

양식

220414 JLp 김준형45 서울 다A

❶ 출고일 or 계약일(필요한 정보로 작성)

❷ 차종 or 상품 종류

❸ 이름/나이

❹ 거주 지역

❺ 예비등급/계약고객등급

갤럭시	아이폰

편지 내용

_____ 고객님께 ●········· 고객 성함

················ 본인 브랜드

우선 저희 _____ 브랜드를 선택해 주셔서 고맙습니다.

또, 수많은 영업사원 중에서 저를 선택해 주셔서 다시 한번 감사드립니다.

항상 첫 차를 출고할 때의 설렘으로 고객님께 다가가고 싶습니다.

처음 보자마자 시원하게 계약해 주시고 정말 감사드립니다. ●·······

제 눈에는 고객님이 한 분으로 보이지 않습니다.   해당 고객에 대한 느낌

제가 고객님께 서비스를 올릴 때는 고객님 뒤에 계신

천명의 또 다른 고객님을 염두에 둡니다.

그리고 고객님은 제 인생에 단 한 번 만나는 귀중한 분입니다.

소중한 인연, 고객님께 어떻게 해야 많은 도움이 될까 생각하고

사소한 일 하나라도 챙겨 드리도록 노력하겠습니다.

항상 기쁜 마음으로 고객님 연락 기다리겠습니다.

즐겁고 행복한 일들만 가득하시길 기도하겠습니다.

22.5.7 김준형 팀장 ●··············· 출고 날짜, 본인 성함

삶의 끝자락에서
비로소 인생을 배웠다

초판 1쇄 인쇄 2024년 10월 14일
초판 1쇄 발행 2024년 10월 24일

지은이 김준형
편집인 권민창
디자인 김지혜
책임마케팅 김민지, 정호윤
마케팅 유인철
제작 제이오
경영지원 백선희, 권영환, 이기경

펴낸이 서현동
펴낸곳 ㈜오팬하우스
출판등록 2024년 5월 16일 제2024-000141호
주소 서울특별시 강남구 테헤란로 419, 11층 (삼성동, 강남파이낸스플라자)
이메일 info@ofh.co.kr

도서 판매 수익금은 모두 한부모 가정과 아이들의 교육을 위해 기부됩니다.

마인드셀프는 ㈜오팬하우스의 출판브랜드입니다.